Antiguo Israel

Una guía apasionante sobre los reinos judíos e israelitas

© Copyright 2024

Todos los derechos reservados. Ninguna parte de este libro puede ser reproducida de ninguna forma sin el permiso escrito del autor. Los revisores pueden citar breves pasajes en las reseñas.

Descargo de responsabilidad: Ninguna parte de esta publicación puede ser reproducida o transmitida de ninguna forma o por ningún medio, mecánico o electrónico, incluyendo fotocopias o grabaciones, o por ningún sistema de almacenamiento y recuperación de información, o transmitida por correo electrónico sin permiso escrito del editor.

Si bien se ha hecho todo lo posible por verificar la información proporcionada en esta publicación, ni el autor ni el editor asumen responsabilidad alguna por los errores, omisiones o interpretaciones contrarias al tema aquí tratado.

Este libro es solo para fines de entretenimiento. Las opiniones expresadas son únicamente las del autor y no deben tomarse como instrucciones u órdenes de expertos. El lector es responsable de sus propias acciones.

La adhesión a todas las leyes y regulaciones aplicables, incluyendo las leyes internacionales, federales, estatales y locales que rigen la concesión de licencias profesionales, las prácticas comerciales, la publicidad y todos los demás aspectos de la realización de negocios en los EE. UU., Canadá, Reino Unido o cualquier otra jurisdicción es responsabilidad exclusiva del comprador o del lector.

Ni el autor ni el editor asumen responsabilidad alguna en nombre del comprador o lector de estos materiales. Cualquier desaire percibido de cualquier individuo u organización es puramente involuntario.

Índice de contenidos

INTRODUCCIÓN..1
CAPÍTULO 1: ¿QUIÉNES FUERON LOS ANTIGUOS ISRAELITAS?.............4
CAPÍTULO 2: HENOTEÍSMO Y YAHVISMO..10
CAPÍTULO 3: LA EDAD DE HIERRO 18
CAPÍTULO 4: REFERENCIAS BÍBLICAS AL ANTIGUO ISRAEL 29
CAPÍTULO 5: EL REINO DE JUDÁ 40
CAPÍTULO 6: EL PERÍODO PERSA 50
CAPÍTULO 7: EL PERIODO HELENÍSTICO (330-50 A. C.) 60
CAPÍTULO 8: LA DINASTÍA ASMONEA (140-37 A. C.)................................69
CAPÍTULO 9: LA DINASTÍA HERODIANA (37 A. C.-100 D. C.)....................82
CONCLUSIÓN..96
VEA MÁS LIBROS ESCRITOS POR ENTHRALLING HISTORY..................98
BIBLIOGRAFÍA..99

Introducción

La historia del antiguo Israel es un tema fascinante que ha intrigado a eruditos, teólogos y entusiastas durante siglos. Israel fue un pequeño pero influyente estado situado en la región oriental del Mediterráneo que existió desde alrededor del año 1200 a. C. hasta su destrucción por el Imperio babilónico en el año 586 a. C. Siguió existiendo bajo el dominio de varios imperios, como el persa, el griego y el romano. Esta región y sus gentes cuentan con una historia rica e interesante, marcada por una gran importancia religiosa, que sigue influyendo en la sociedad actual y en el mundo.

A partir de la Edad de Bronce, la región ocupada por los israelitas presumía de una identidad étnica más diversa, ya que estaba ocupada por varios pueblos y tribus. La historia de los israelitas no comenzó hasta la Edad de Hierro, cuando emergieron como un pueblo distinto con una cultura, tradición e identidad identificables. Comenzaron a formar su propio reino, lo que ocurrió con el traslado de los israelitas del monte Sinaí a Canaán, donde establecieron su propio gobierno bajo el rey Saúl, aunque fue Josué quien condujo a los israelitas a la tierra que les había prometido Yahvé.

El período inmediatamente posterior fue de gran prosperidad para los israelitas. Bajo el reinado del Rey Salomón, la región fue capaz de extender su influencia más allá de sus fronteras, convirtiéndose en un centro de cultura, comercio y aprendizaje religioso. Sin embargo, tras la muerte del Rey Salomón, el reino se dividió en dos: el Reino de Israel en el norte y el Reino de Judá en el sur. Aunque ambas regiones acabarían cayendo en manos de invasores extranjeros, ambas se hicieron mucho daño por medio de persistentes conflictos internos.

A pesar de su relativamente corta existencia, el antiguo Israel ha dejado una huella indeleble en la historia mundial. Las tradiciones y relatos bíblicos que surgieron de este periodo han influido no sólo en el judaísmo, sino también en el cristianismo y en el islam, y han tenido un impacto significativo en la cultura y la civilización occidentales. La historia del antiguo Israel es de gran interés para historiadores y arqueólogos, que llevan muchas décadas estudiando esta región y sus gentes.

Quizá lo más significativo sea que los israelitas crearon una religión monoteísta, algo inaudito en el antiguo Oriente Próximo, aparte del zoroastrismo (aunque algunos debaten si dicha religión se ajusta a la definición de religión monoteísta). La mayoría de las religiones practicadas en la época eran politeístas, por lo que la adoración de un único dios desafiaba a una visión del mundo ampliamente aceptada. La Biblia hebrea, también conocida como Antiguo Testamento, es una colección de textos sagrados que narra la historia de los israelitas y su relación con Dios. Estos textos contienen relatos históricos, poesía, sabiduría y escritos proféticos que han inspirado a generaciones de creyentes.

Los arqueólogos llevan mucho tiempo intentando establecer pruebas históricas de la historia narrada en la Biblia. El estudio del antiguo Israel también es importante para comprender la historia más amplia de la región del Mediterráneo oriental. Los israelitas formaban parte de una red cultural y económica más amplia, que incluía a fenicios, asirios, babilonios y persas. La región era una encrucijada de comercio e intercambio cultural, y su historia se caracteriza por una serie de conquistas, migraciones e interacciones entre distintos grupos.

Este libro sobre el antiguo Israel pretende ofrecer una visión global de la historia, la cultura y la religión de este fascinante periodo. Para ello explora los principales acontecimientos, personalidades y temas que configuraron el antiguo Israel y su legado. También examina las pruebas históricas y arqueológicas que se han descubierto en los últimos años, arrojando nueva luz sobre la vida y las creencias de los israelitas.

Este libro, ofreciendo una panorámica completa de la historia religiosa de los israelitas, sigue su periplo a través de la Edad de Hierro, cuando el pueblo comenzó a adquirir una identidad propia. Continúa con el exilio babilónico, cuando los israelitas se vieron obligados a abandonar sus hogares, hasta el periodo persa, cuando fueron liberados. También se analiza la aparición de los griegos en la región, así como el papel religioso y la importancia de los israelitas. El tema final del libro es la dinastía herodiana y su caída en manos de los romanos, que marcó el fin de la región israelita tal y como se conocía entonces.

Capítulo 1: ¿Quiénes fueron los antiguos israelitas?

Entre los siglos XII y VI a. C., la región de Oriente Próximo estuvo ocupada por un grupo de personas conocido como los israelitas. Se cree que este grupo de doce tribus de habla semítica descendía de Abraham, que se trasladó de Mesopotamia a Canaán alrededor del II milenio a. C. Por ello, se cree que su cultura, religión y modo de vida surgieron de la tradición cananea, aunque más tarde desarrollarían su propia identidad étnica y cultural.

En aquella época, Canaán era una región culturalmente diversa poblada por varias tribus. Entre ellas estaban los cananeos, los jebuseos y los filisteos. La primera mención registrada de los israelitas procede de un improbable relato de una victoria egipcia sobre los libios durante el reinado del faraón Merneptah. Esta mención parece estar fuera de lugar, ya que da la impresión de que consistían en un poder político establecido en lugar de un pueblo nómada. Esto ha llevado a especular con la posibilidad de que los israelitas formaran parte de la coalición libia.

Historia religiosa de los israelitas

Los israelitas tenían una gran importancia religiosa, ya que se consideraban el pueblo elegido de Dios. Aunque existen menciones extrabíblicas de los israelitas, los historiadores siguen basándose en los relatos bíblicos para navegar por la historia de los antiguos israelitas. Los relatos bíblicos narran la ascendencia de los israelitas, que descendían de

Abraham. Éste siguió el mandato de Dios de abandonar su tierra natal de Ur y trasladarse a Canaán. La historia religiosa y el viaje de los israelitas se encuentran en la Biblia hebrea. Sin embargo, dado que los hechos históricos se mezclan con leyendas y enseñanzas religiosas, puede resultar difícil determinar la secuencia real de los acontecimientos.

Entre los siglos X y VII, los israelitas practicaban una religión que se consideraba en gran medida politeísta por naturaleza. En realidad, se acercaba más al henoteísmo, lo que significa que, aunque adorasen a varias deidades, su culto principal giraba en torno a un único Dios. Yahvé era la deidad principal de culto para los judíos y los israelitas.

Los israelitas celebraban actos de culto en templos y sinagogas y practicaban rituales de sacrificio de animales, que eran un aspecto central de la vida tribal. Se creía que Canaán era la patria que Dios había designado para los israelitas, lo que marcaba su posición especial a sus ojos y les imponía un deber de sumisión y culto.

La historia según la Biblia

El relato bíblico de la Torá sitúa el origen de los israelitas en Jacob, cuya familia se vio obligada a huir a Egipto a causa de una hambruna. Al cabo de unos cuatrocientos años, la descendencia de Jacob había crecido hasta contar con más de 600.000 hombres, un número que alarmó al faraón de Egipto. Como medida de precaución ante posibles amenazas, esclavizó a los israelitas y ordenó matar al nacer a cualquier recién nacido.

Una mujer de la tribu de Leví escondió a su hijo y lo envió al Nilo en una cesta, donde fue rescatado por una mujer egipcia, que algunos relatos identifican como la hija del faraón. Ya adulto, huyó a Madián tras matar a un esclavista egipcio que golpeaba a un israelita. Cuando tenía ochenta años, este hombre, que recibió el nombre de Moisés, fue llamado por Yahvé para ir al monte Sinaí y recibió la orden de sacar al pueblo de Israel de Egipto.

Sin embargo, el faraón se negó a liberar a los israelitas. En respuesta, Yahvé castigó a los egipcios con una serie de calamidades, entre las que se encontraban plagas y hambre, que hicieron que el faraón cediera y expulsara a los israelitas de Egipto. Cuando iniciaron su viaje, al que se suele referir como el Éxodo, el faraón cambió de opinión e hizo que sus ejércitos siguieran a los israelitas hasta el Mar Rojo. Allí, Moisés realizó un milagro, abriendo el mar para que su pueblo pudiera cruzarlo. Los ejércitos del faraón se ahogaron.

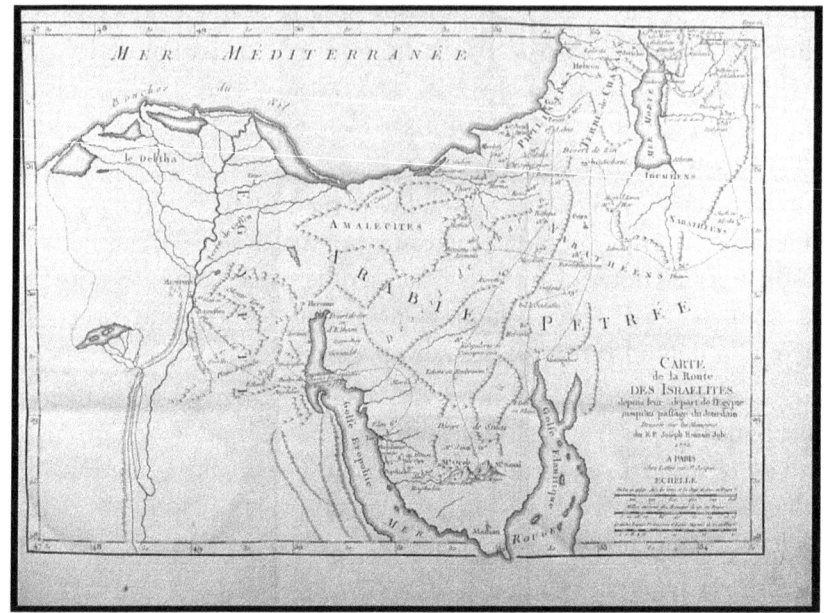

Éxodo de los israelitas de Egipto a Canaán
https://commons.wikimedia.org/wiki/File:Joseph-Romain_Joly,_Carte_de_la_route_des_Isra%C3%A9lites_depuis_leur_d%C3%A9part_de_l%27Egypte_jusqu%27au_passage_di_Jourdain_(FL16962315_3922539).jpg

Las doce tribus de Israel (Judá, Leví, Rubén, Simeón, Neftalí, Dan, Gad, Aser, Isacar, Zabulón, José y Benjamín) fueron conducidas al monte Sinaí, donde Yahvé les reveló los Diez Mandamientos, que Moisés registró junto con la Torá. Las doce tribus aceptaron ser el pueblo elegido de Yahvé y seguir los Diez Mandamientos. Sin embargo, se negaron a marcharse y a conquistar la tierra de Canaán como les había ordenado Yahvé. Como resultado, los israelitas fueron condenados al exilio y a la muerte en el Sinaí.

Según la tradición, cuarenta años más tarde, una nueva generación liderada por Josué entró en Canaán y le fueron asignadas partes de esta tierra. Yahvé nombró a Saúl rey de los israelitas, seguido de su hijo Eshbaal, que fue sustituido por David. Bajo su reinado y el de su hijo Salomón, los israelitas establecieron una monarquía y el Primer Templo de Jerusalén. Tras la muerte de Salomón, el reino se dividió en dos.

El relato que compartimos a continuación narra la caída de los dos reinos. En el norte, los israelitas se olvidaron de venerar a Dios, permitiendo en cambio la adoración de muchas deidades. Así, perdieron el favor de Yahvé. Más tarde, los israelitas fueron conquistados por extranjeros y se dispersaron por las tierras. En el sur, entre los judíos, algunos permanecieron fieles a Yahvé, pero otros permitieron el culto a otros dioses. También cayeron bajo el dominio extranjero, siendo llevados al cautiverio por los babilonios.

Sin embargo, no fueron olvidados del todo. Su salvación llegó con Ciro el Grande, fundador del Imperio aqueménida. Conquistó a los babilonios y permitió a los judíos regresar a su patria. Ciro incluso les ayudó a reconstruir su templo. No obstante, esta región siguió formando parte del Imperio persa hasta que éste cayó en manos de Alejandro Magno en el año 331 a. C.

Tras la muerte de Alejandro, la región pasó a manos de Ptolomeo I, uno de sus generales. Luego pasó a manos del Imperio seléucida hasta que Roma tomó la región hacia el año 63 a. C. Los disturbios en la región continuaron, y los judíos se rebelaron contra la supresión y el dominio extranjero hasta la revuelta de Bar Kokhba, que tuvo lugar entre los años 132 y 136. Los judíos fueron derrotados, y Jerusalén fue renombrada como Siria Palestina.

Ésta es la historia del antiguo Israel en pocas palabras, aunque a lo largo del libro profundizaremos en ella. También aportaremos pruebas históricas junto a la narración bíblica cuando proceda. Pero ahora que tenemos una idea básica de la historia israelita, echemos un vistazo a sus tradiciones y a la etimología del nombre, antes de sumergirnos más en el pasado.

Del henoteísmo al monoteísmo

La aparición de una forma de culto monoteísta a partir de prácticas henoteístas comenzó con el exilio de los israelitas a Babilonia. Durante el exilio, para mantener un sentido de identidad, los israelitas comenzaron a identificarse más con su religión, dedicándose a vivir sus vidas de acuerdo con los Diez Mandamientos.

Tras la liberación de los judíos por el Imperio persa y su posterior regreso a Jerusalén, mantuvieron esta práctica como fuente de identidad religiosa y unidad que los mantuvo juntos durante su cautiverio. De ahí que las costumbres judías abandonaran las prácticas más henoteístas por una forma de culto monoteísta.

Identidad cultural

La identidad israelita surgió de su historia religiosa y condicionaba todos los aspectos de la vida. Por ejemplo, el conocimiento y la educación se consideraban fundamentales para la sociedad. Gran parte de ella se basaba en el estudio y la comprensión de la Torá, con la que se enseñaba a leer y escribir a los niños. Además del lugar sagrado que ocupaba como texto de Dios, también tenía un gran valor como regalo de la sabiduría divina.

El sistema jurídico de la sociedad israelita también procedía de la religión. Los Diez Mandamientos eran las normas por las que un hebreo devoto o israelita, como se les llamaba tras la conquista de Canaán, debía regir su vida. La Torá proporcionaba un marco ético que delineaba un comportamiento justo y equitativo como miembros de la sociedad. Estas leyes permitían proteger a los débiles y vulnerables y hacían hincapié en la compasión y la misericordia.

Gran parte de la experiencia israelita estuvo marcada por la sumisión. Aunque las evidencias arqueológicas no prueban la idea de que los egipcios sometieran a los israelitas a la esclavitud, estos se enfrentaron a la subyugación a lo largo de su historia, y su pueblo fue conquistado por muchos imperios y gobernantes diferentes. A menudo fueron objeto de opresión debido a su práctica religiosa.

Uno de los retos más importantes a los que se enfrentaron los israelitas fue el cautiverio babilónico, cuando fueron expulsados de sus hogares y obligados al exilio. Las acciones de Ciro el Grande para liberar a los judíos le hicieron ganarse su mención en la Biblia.

La etimología de la palabra "israelita"

El término "israelita" no es de origen bíblico, sino que aparece por primera vez en las inscripciones de Merneptah. La propia inscripción habla de la destrucción de "Israel". Dado que en aquella época no existía tal tierra, se cree que el término se refería a un grupo de personas, tal vez las tribus israelitas que ofrecieron apoyo armado a los lidios en su conflicto con Egipto.

En la narración bíblica, el nombre "Israel" se le dio a Jacob, que luchó con Dios. El término procede de yisra ("luchar con") y el ("dios"). La Biblia hebrea utiliza el término "israelitas" para referirse a las doce tribus de Israel, y aunque este término se utiliza a menudo indistintamente relacionado con "hebreo" y "judío", este uso no siempre es apropiado. En concreto, el término "israelitas" se refiere a los descendientes inmediatos de Jacob y a los que se convirtieron a la fe. "Hebreos" se refiere a los descendientes que vivieron en Canaán, y "judíos" a los que surgieron de la tribu israelita de Judá y más tarde formaron el Reino de Judá.

Mientras duró la monarquía, el término "israelita" se utilizaba para designar a los habitantes de esa tierra y, más tarde, a los pertenecientes a Judá a la luz del exilio babilónico de los israelitas. El término "Israel", que se refiere a la región y al grupo étnico identificado por su culto a Yahvé, surgió de la palabra "israelita".

Los esfuerzos arqueológicos por encontrar evidencias que confirmen los movimientos de los israelitas, tal y como se narran en la Biblia, han dado muy pocos resultados. La esclavitud de los israelitas a manos de los egipcios, por ejemplo, se menciona mucho en la Biblia, pero las pruebas arqueológicas no la confirman de una forma concluyente. Los hallazgos arqueológicos sugieren que los israelitas podrían haberse ramificado en Canaán en lugar de tomar la región por la fuerza, y que su religión monoteísta sustituyó poco a poco al politeísmo preexistente en Canaán.

Sean cuales sean los hechos reales, la antigua historia israelita ha tenido un profundo impacto en muchos aspectos de la sociedad y la religión actuales. Cuando los israelitas prosperaron, adquirieron una gran influencia y conocieron el éxito en las esferas social y económica. A partir de la Edad de Hierro, los israelitas se establecieron como un grupo étnico diferenciado en Oriente Próximo, y ahí es donde empezaremos nuestro siguiente análisis.

Capítulo 2: Henoteísmo y yahvismo

La ideología y la práctica religiosas forman parte integrante de la organización de una sociedad. El conocimiento de las antiguas prácticas religiosas permite comprender cómo se organizaban las regiones y qué papel desempeñaba la religión en la vida de las personas.

Henoteísmo

El culto henoteísta surgió en el pensamiento israelita entre los siglos X y VII a. C., evolucionando lentamente desde el politeísmo puro. El henoteísmo implica el culto a una única deidad suprema, pero no excluye la existencia y el culto a otros dioses. Aunque el culto a Yahvé era fundamental en las creencias israelitas, no excluía el culto a otros dioses.

El término henoteísmo surgió de la obra de Friedrich Schelling, que acuñó el término alemán *henotheismus,* que significa "un teísmo (dios)". El henoteísmo suele ir de la mano del concepto de equiteísmo, la idea de la existencia de múltiples dioses, todos ellos iguales. La creencia henoteísta se centra en la aceptación de la existencia de numerosos dioses de igual divinidad. Sin embargo, hay una deidad que reina por encima de todas las demás y es el punto focal principal de la religión.

Dado que el henoteísmo sostiene el culto a un dios por encima de los demás, muchos historiadores prefieren el término monolatrismo, una religión en la que un dios es central sin negar la existencia o el culto a otros dioses. El henoteísmo puede referirse al periodo de transición entre el politeísmo y el monoteísmo.

Las culturas grecorromanas

Un ejemplo de prácticas henoteístas lo encontramos en las culturas griega y romana. Ambas culturas evolucionaron de las creencias politeístas al culto henoteísta. Aunque la antigua cultura griega contaba con muchos dioses y deidades, cada uno de los cuales tenía funciones y personalidades distintas, las diferentes ciudades tenían dioses protectores que gozaban de mayor estima que otros. El Dios protector de Atenas era Atenea, y Poseidón, el de Corinto. Todos los dioses eran importantes, pero la mayoría de los griegos no los adoraban por igual.

El Dios supremo no siempre fue el mismo. En el caso de Zeus, por ejemplo, Urano actuó como deidad suprema antes que él hasta que fue derrocado por su hijo, Cronos. Zeus derrocaría a Cronos, que se había vuelto tiránico y se había tragado a sus otros hijos en un intento de mantener el poder supremo. Zeus, Dios del cielo y del trueno, se convirtió así en la deidad suprema de los griegos.

Aunque la cultura romana ya estaba estructurada en base a una configuración henoteísta, la asimilación de facetas griegas durante la toma de Grecia por Roma en 146 a. C. sin duda contribuyó a que se desarrollara en la misma línea. Los dioses romanos tenían funciones especializadas, siendo Saturno responsable de la siembra y Ceres del crecimiento del grano. Sin embargo, Júpiter contribuía a la supremacía sobre los demás dioses.

Cuando los romanos entraron en territorio griego y las dos culturas empezaron a mezclarse, los romanos identificaban a sus dioses con las deidades griegas, y muchos mitos griegos se introdujeron en la cultura y la práctica religiosa romanas. El modo de vida henoteísta continuó en esta región hasta la llegada del cristianismo.

Zoroastrismo

El zoroastrismo era la religión principal de la dinastía aqueménida, que era practicada por los gobernantes persas. Aunque esta religión nunca fue impuesta a los súbditos persas, cabe suponer que su existencia y práctica tuvieron algún impacto en ellos. La religión zoroástrica tenía a Ahura Mazda como Dios supremo, pero no ignoraba la presencia de otras deidades.

Ahura Mazda era un ser que se asociaba a la bondad. También tenía yazatas o agentes del bien, como Anahita y Mitra, que se encargaban de proveer diversos aspectos de la vida. También se les tenía en gran estima y eran venerados por los persas en la época preislámica.

Las creencias zoroástricas, anteriores a la aparición del judaísmo, probablemente influyeron en las creencias israelitas de diversas maneras. Lo más significativo es el concepto de lucha entre el bien y el mal y el concepto de cielo e infierno. En el zoroastrismo, este último era un lugar de purificación antes del encuentro con el creador y fue adoptado como tal en el judaísmo. El infierno, como lugar de condenación eterna, surgió más tarde en las creencias cristianas.

Hinduismo

El hinduismo ofrece uno de los mejores ejemplos de henoteísmo. Sus escrituras, los Vedas, relatan el culto a muchos dioses, por lo que muchos consideran que la religión es politeísta por naturaleza. Sin embargo, a pesar de la presencia de muchos dioses, hay uno que se considera supremo, aunque una sección diferente de los Vedas se refiere a diferentes dioses como supremos, como, por ejemplo, Agni, el Dios del fuego, o Vac, el Dios de la palabra.

Al igual que en la tradición griega, los dioses hindúes sufrieron una lucha por el poder, en la que el Dios supremo de las aguas celestiales, Varuna, fue derrocado por Indra, que fue suplantado por Vishnu y Shiva hasta que éstos también fueron derrocados. La mezcla de monoteísmo, monolatría, politeísmo e incluso ateísmo dentro de la tradición hindú condujo a la clasificación apropiada de henoteísmo con un marco teísta en constante evolución.

Cristianismo

Aunque el cristianismo se considera en gran medida monoteísta, muchas de sus características, sobre todo entre ciertas corrientes, sugieren que el henoteísmo podría ser una categorización más adecuada. Algunos expertos religiosos atribuyen estas categorizaciones a la Santísima Trinidad en la creencia cristiana, que afirma que Dios es la culminación de tres seres iguales con una única sustancia. Algunos de los primeros grupos cristianos establecieron claras diferencias en su culto, alabando a un Dios supremo y considerando a Jesús sólo como la aparición de un hombre perfecto.

Otras corrientes cristianas, como los mormones, ven tres seres distintos entre los que Dios reina supremo. La existencia de otros dioses y diosas también está implícita en las escrituras mormonas, dirigiéndose a una "Madre" Celestial además del "Padre Celestial". A pesar de ello, el culto mormón gira en torno a un único Dios verdadero. Aunque la

Iglesia de los Santos de los Últimos Días no se considera henoteísta, algunos han sugerido que el término puede aplicarse a ellos.

Algunas ramas del cristianismo también dan mucha importancia a los santos, rezándoles a ellos en lugar de directamente a Dios. A veces, a estos santos, como la Madre María, se les atribuyen poderes sobrenaturales, haciéndolos aparecer como deidades, lo que sugiere un componente henoteísta.

Aunque en ocasiones se ha argumentado que el cristianismo podría considerarse de naturaleza henoteísta, hay que subrayar que la mayoría de las personas (incluso ajenas a la religión) lo consideran monoteísta.

Creencias cananeas, israelitas y judías

Muchas de las religiones de la Edad de Hierro eran de naturaleza henoteísta. En la práctica cananea, por ejemplo, se creía que las deidades principales, El y Asherah, tenían setenta hijos entre ambas, todos los cuales gobernaban regiones de la tierra y eran, por tanto, adorados como dioses.

La naturaleza henoteísta de la tradición israelita es motivo de controversia, ya que se pretendía que fuera una religión monoteísta según los Diez Mandamientos. Sin embargo, la evidencia sugiere la coexistencia y adoración de Yahvé y Asherah.

Las creencias religiosas de la cultura cananea y la cultura israelita se mezclaron hasta tal punto que el Dios cananeo El se convirtió en sinónimo de Yahvé, lo que llevó a algunos historiadores a creer que podrían haber sido el mismo dios desde el principio. Otro factor que apoya esta teoría es la existencia de numerosos restos de templos hallados en el Reino de Israel, incluido un altar que representa un toro de bronce que simboliza a Bull-El y que es anterior a la mención de Yahvé en el siglo XII a. C.

La religión israelita no llegó a ser verdaderamente monoteísta hasta el cautiverio babilónico, cuando los israelitas empezaron a identificarse fuertemente con su herencia cultural y a crear una separación entre ellos y los que les rodeaban.

Los que regresaron a Judá del exilio babilónico eran descendientes del pueblo de Judá que había sido exiliado originalmente. Como tales, nunca habían vivido en Judá antes de su regreso. Sin embargo, seguían considerándose verdaderos israelitas. Después de asegurarse posiciones de autoridad en Judá a través de conexiones persas, los retornados comenzaron a instituir su religión, que difería significativamente de los principios del yahvismo. Comenzó un nuevo concepto de sacerdocio, se elaboraron unas escrituras y la ley escrita se convirtió en un objetivo primordial. En un intento de proteger su pureza, los judíos prohibieron los matrimonios interculturales.

Yahvismo: La antigua religión israelita

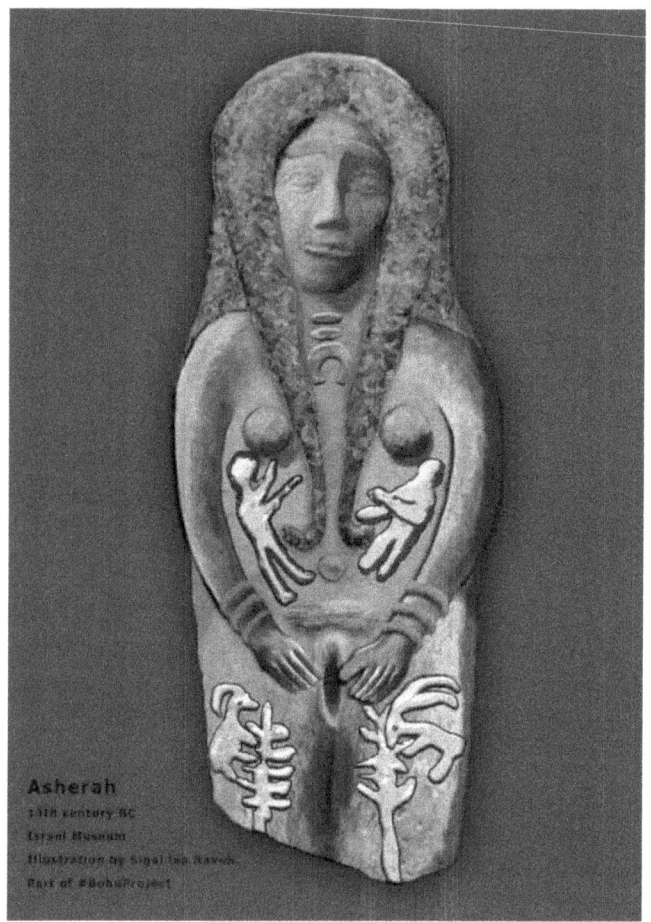

Asherah

Sigal Lea Raveh, CC BY-SA 4.0 <https://creativecommons.org/licenses/by-sa/4.0>, via Wikimedia Commons; https://commons.wikimedia.org/wiki/File:Asherah_13th_century_BC_Israel_Museum.jpg

Cuando se estudia la religión de los antiguos israelitas se puede observar un considerable solapamiento religioso. La religión no sólo se inspira en religiones anteriores y en las de las regiones circundantes, sino que también sufrió una metamorfosis, pasando de unos fundamentos monoteístas (los Diez Mandamientos) a un marco decididamente politeísta y henoteísta. Las religiones, tanto nuevas como antiguas, ejercieron una gran influencia en el desarrollo del yahvismo.

El término yahvismo proviene del culto a Yahvé, el Dios central del culto entre los reinos de Israel y Judá. Aunque sabemos que la historia de la religión la muestra como una creencia monoteísta, con el culto reservado únicamente a Yahvé, la religión adoptó temas politeístas. Aunque Yahvé era el Dios principal adorado por los israelitas, no era el único. Gobernaba junto a Asera, la Diosa cananea que era considerada como la Diosa madre. En la religión cananea e israelita se la asociaba con los árboles sagrados. De hecho, en muchos lugares, la Diosa cananea seguía siendo la deidad suprema, seguida de una cohorte de dioses secundarios, cada uno de los cuales tenía su propio grupo de profetas y devotos seguidores.

El yahvismo implicaba muchas fiestas religiosas, sacrificios y rituales, y desempeñaba un papel en la resolución de disputas legales. Aunque algunos relatos sugieren que el Templo de Jerusalén era el único templo para el culto a Yahvé, no fue así; existían muchos otros a lo largo de los dos reinos, con el rey como cabeza de la religión. Su papel se reflejaba en una ceremonia, presidida por él, en la que Yahvé era coronado en el Templo de Jerusalén.

A medida que el yahvismo evolucionó, retornó a sus raíces monoteístas. Este cambio se produjo entre el siglo X a. C. y el siglo VII a. C., y se generalizó con el exilio babilónico, cuando los antiguos israelitas luchaban por mantenerse fieles a sus raíces, rechazando la influencia de la cultura que los rodeaba. A finales del siglo IV a. C., el yahvismo había evolucionado hasta convertirse en el judaísmo y más tarde dio lugar al desarrollo y auge del samaritanismo, la religión mayoritariamente monoteísta practicada por los samaritanos.

Creencias del yahvismo

El yahvismo rara vez se clasifica como monoteísta, y la mayoría de los historiadores lo consideran una religión politeísta o henoteísta en el mejor de los casos. Los templos de Yahvé también incluían estatuas de la Diosa Asherah, lo que indica la alta estima que se le tenía. Un grupo de dioses y diosas de segundo nivel seguían a Yahvé y Asera, como Bal y Astarté, que contaban con sus propios grupos de sacerdotes.

Algunos relatos sugieren que también podría haber existido un tercer nivel de deidades, con figuras especializadas con funciones muy concretas y definidas, como Nehushtan, el Dios de la curación de las mordeduras de serpiente. El cuarto nivel estaría formado por seres divinos con un estatus ligeramente inferior al de los dioses. Actuaban como mensajeros de las deidades. En el judaísmo, estos seres pasarían a denominarse ángeles, una clasificación distinta de la de un Dios.

El culto en el yahvismo

El culto en la tradición yahvista implicaba sacrificios, rituales, festivales y la realización de votos, de forma muy parecida a otras religiones semíticas. Las tradiciones yahvistas, que existían en gran medida en una región rural, coincidieron con acontecimientos importantes que marcaron el modo de vida israelita, que más tarde también se arraigaron en la mitología israelita, aunque su relevancia cultural no se perdió del todo. Éstos fueron los acontecimientos:

- *Pascua,* con el alumbramiento de los corderos, que se asociaba con el Éxodo;
- *Shavuot,* con la época de la cosecha de cereales y la implantación de las leyes en el Sinaí;
- *Sucot,* con la época de la cosecha de frutas y el peregrinaje por el desierto, cuando los israelitas se liberaron de la esclavitud de los egipcios.

En esencia, todos estos festivales estaban destinados a celebrar las bendiciones de Yahvé sobre los israelitas, su salvación y su nombramiento como pueblo elegido. Si bien la oración no desempeñó un papel importante al principio, sí lo hicieron los sacrificios. Antes de que el Templo de Jerusalén fuera destruido, se realizaban sacrificios de animales en su altar, y la sangre del sacrificio se rociaba a su alrededor. Los sacrificios también se convirtieron en un símbolo de expiación y pureza, pero no fue hasta el final del exilio babilónico cuando una identidad religiosa monoteísta se hizo más central para los israelitas.

El papel de los profetas y sacerdotes era extremadamente importante en la práctica del yahvismo, ya que actuaban como mensajeros de Yahvé. Los talismanes y los terafines, pequeños objetos que representan deidades, eran componentes notables del culto entre los israelitas, y el culto propiamente dicho se concentraba en lugares elevados como el monte Sión.

Evolución del yahvismo hacia el judaísmo

Cuando los descendientes de los exiliados regresaron a Judá tras la caída de Babilonia, se encontraron con que la vida había continuado mientras ellos habían vivido en el sufrimiento. Aunque algunos relatos sugieren que los exiliados regresaron a Judá en gran número tras la conquista persa de Babilonia, lo cierto es que sólo un pequeño número volvió a casa. Mientras que ellos habían creado su propia identidad en una tierra extranjera, los retornados no tenían ninguna conexión con Judá, habiendo vivido toda su vida en Babilonia.

Entre los exiliados se encontraba la élite de Judea, y sus conexiones persas les ayudaron a establecer su versión de la sociedad y la religión. Es posible que la religión de los que retornaban no fuera totalmente monoteísta, pero más tarde adoptaría esas características una vez que el judaísmo se desarrolló y la Torá fue aceptada más ampliamente.

Capítulo 3: La Edad de Hierro

A finales de la Edad de Bronce, las catástrofes naturales, como los terremotos y las sequías, provocaron migraciones masivas que empujaron a la gente a buscar tierras más sostenibles. Y lo que es más importante, la introducción de un nuevo metal, el hierro, provocó cambios significativos en la organización de la vida. La época cambió, y la Edad de Bronce terminó con el comienzo de la Edad de Hierro hacia el año 1200 a. C.

El final de la Edad de Bronce también marcó el colapso de muchas civilizaciones, lo que provocó el desplazamiento de tribus nómadas hacia las regiones montañosas a ambos lados del río Jordán, en Canaán. Alrededor de esta época, los Pueblos del Mar invadieron muchos países a lo largo del Mediterráneo, lo que se menciona en tablillas egipcias. Estas tablillas también mencionan a los israelitas.

Asentamientos israelitas

Asentamientos de la Edad de Hierro en el Reino de Israel y el Reino de Judá
*Oldtidens_Israel_&_Judea.svg: FinnWikiNoderivative work: Richardprins, CC BY-SA 3.0
<https://creativecommons.org/licenses/by-sa/3.0>, via Wikimedia Commons
https://commons.wikimedia.org/wiki/File:Kingdoms_of_Israel_and_Judah_map_830.svg*

Los primeros asentamientos nómadas de la región eran más campamentos temporales que viviendas permanentes y consistían en una serie de casas de piedra alrededor de un espacio similar a un patio, donde se guardaba el ganado. A medida que los asentamientos fueron creciendo y evolucionando, ocupando mayores espacios y necesitando más recursos, pasaron a establecerse viviendas más permanentes. Las evidencias arqueológicas de estos yacimientos muestran restos de ovejas y cabras, así como más huesos de ganado según más tiempo ocupaba el asentamiento la región. Los asentamientos israelitas también presentaban una notable ausencia de huesos de cerdo, lo que refleja la formación de su identidad religiosa propia.

Al principio, cuando las tribus emigraron a Canaán, sólo contaban con unas cuarenta y cinco mil personas según las pruebas arqueológicas, un número muy alejado del que había durante el establecimiento de los reinos de Israel y Judá. La Edad de Hierro fue testigo del desarrollo y la evolución de los asentamientos, especialmente cuando la ciudad de Silo (la actual Khirbet Seilun) se convirtió en un centro religioso y político para las tribus israelitas. Su creciente influencia económica, política, social y religiosa dio lugar a un estado israelita independiente, que culminó con la formación de un reino unificado bajo el rey Saúl.

Antes del establecimiento de un reino, las doce tribus se asentaron en grupos separados en las tierras que les habían sido asignadas. Cuando se sintieron amenazadas por las civilizaciones vecinas, en particular los filisteos, las tribus se dieron cuenta de la necesidad de tener un frente unificado. Surgió la necesidad de un gobernante, y Saúl fue nombrado rey de Israel.

Cronología de la Edad de Hierro

La Edad del Hierro se extiende desde el siglo XII a. C. hasta principios del siglo VI a. C. Esta fase no se desarrolló como un único periodo, sino que divide en dos épocas cronológicas distintas.

- Edad de Hierro I: 1200-950 a. C.
- Edad de Hierro II: 950-586 a. C.

El primer periodo de la Edad de Hierro estuvo marcado por el declive de la civilización cananea tal y como había existido hasta entonces, un cambio propiciado por el final de la Edad de Bronce. Los movimientos de nuevas civilizaciones y tribus en la región introdujeron nuevas culturas y formas de vida en Canaán debido a la llegada de los israelitas, los filisteos, procedentes de la región del Egeo, y los pueblos del mar, procedentes del Mediterráneo occidental.

La segunda mitad de la Edad de Hierro comenzó cuando los israelitas establecieron la Monarquía Unida bajo el rey Saúl, y la dinastía continuó hasta que el reino se dividió en Israel y Judá. Durante esta época surgieron otros reinos, como Asiria y Babilonia, que establecieron sus propios imperios en la región. El final de la segunda mitad de la Edad de Hierro fue seguido por la era neobabilónica, que marcó el ataque babilónico a los israelitas. Pero empecemos desde el principio.

Edad de Hierro I

A medida que la Edad de Bronce se acercaba a su fin, Canaán se convirtió en una región en rápido deterioro. Gran parte de la región había sido abandonada y los asentamientos se habían trasladado a zonas más desarrolladas. Las ciudades que aún conservaban población se redujeron considerablemente. En el momento de la llegada de los israelitas, toda la región probablemente no contaría con más de 100.000 habitantes. La mayor parte de esta población restante se concentraba en las llanuras costeras o en las vías de comunicación. La zona que los israelitas ocuparían más tarde era montañosa y estaba alejada de las rutas abiertas; por lo tanto, la zona estaba escasamente poblada en aquella época.

A medida que Canaán se desestabilizaba, también lo hacían sus sistemas culturales y políticos. Todos los sistemas existentes se abandonaron a finales de la Edad de Bronce, ya que la región estaba escasamente poblada. La llegada de civilizaciones a la región, como los israelitas, los filisteos y los fenicios, volvió a desarrollar estos sistemas. Sin embargo, durante la Edad del Bronce, la región sufrió la fuerte influencia política egipcia debido a las guerras e incursiones egipcias, que provocaron muchos disturbios y conflictos.

Estas nuevas civilizaciones, incluidos los israelitas, empezaron a asentarse en Canaán, y la composición social de la región se modificó. El número de aldeas en Canaán creció exponencialmente, pasando de veinticinco a más de trescientas al final de la primera mitad de la Edad de Hierro. Aunque la densidad de estas aldeas era mayor en el norte, donde se cree que acamparon los israelitas, no se ha descubierto ninguna prueba arqueológica que pueda establecer definitivamente la residencia israelita en esta zona. Aunque algunos historiadores intentan llegar a tales conclusiones basándose en los restos de animales o en los estilos de cerámica desenterrados en estos yacimientos, es difícil afirmar con certeza que las tribus israelitas se asentaran en esta región de Canaán.

Sin embargo, los intentos de determinar la identidad étnica han establecido algunos patrones que se encuentran de forma consistente en las zonas que se cree que fueron ocupadas por los israelitas. Algunos factores comunes que se han identificado son la falta de huesos de cerdo, la cerámica con diseños decorativos más significativos que otros encontrados en la región de Canaán, la práctica de la circuncisión y un periodo marcado por prácticas prohibitivas, la influencia de la religión y la importancia de la familia y la genealogía.

Los aspectos de la sociedad israelita descubiertos a través de excavaciones arqueológicas sugieren que las tribus vivían en centros aldeanos con poblaciones pequeñas, con apenas entre trescientas y cuatrocientas personas pertenecientes a cada aldea. Estas tribus se mantenían de la agricultura y la ganadería. Aunque vivían de recursos limitados, eran autosuficientes y el comercio económico entre ellas era frecuente. Los relatos también sugieren que las tribus aldeanas estaban dirigidas por jefes designados que proporcionaban liderazgo y seguridad a las aldeas no amuralladas.

Edad de Hierro II

La Biblia hebrea apunta a la formación de la Monarquía Unida ya en el siglo XI a. C., que se desarrolló bajo el gobierno de Saúl, David y Salomón. Cuando este reino unido se dividió, entregó las ciudades de Siquem y Samaria, que habían formado parte de los asentamientos de diez de las doce tribus del norte, al Reino de Israel. Las dos tribus restantes, junto con Jerusalén y el Templo judío del Reino de Judá, se establecieron al sur. Aunque se han descubierto suficientes indicios arqueológicos de la existencia de la Monarquía Unida, los historiadores están divididos en cuanto a su datación, aunque muchos coinciden en que los estados separados de Israel y Judá existían a más tardar en el siglo IX a. C.

Durante los dos primeros siglos de la Edad de Hierro II se produjo una expansión demográfica y de asentamientos en la región. El reino unificado hizo de Samaria su capital, existiendo en relativa paz y experimentando prosperidad económica. En algún momento entre los siglos XI y X a. C., Israel pasó de ser un asentamiento de tribus nómadas a un estado independiente y a menudo se vio envuelto en disputas territoriales con naciones vecinas, como los egipcios.

El surgimiento de Judá como entidad independiente se produjo más tarde e inicialmente consistía sólo en pequeños asentamientos sin protección. Durante el reinado de Ezequías, en el siglo VIII a. C., Judá creció hasta convertirse en una gran potencia; mientras tanto, Israel caía ante los ataques extranjeros. Sin embargo, antes de este periodo, Israel había sido el más próspero de los dos, con mejores infraestructuras y un gran desarrollo urbano. La economía de Judá estaba menos desarrollada y era mucho más pequeña. No alcanzó un estatus más avanzado o dominante hasta el siglo VII, posiblemente como estado vasallo asirio.

Gran parte del desarrollo de Judá puede atribuirse a los esfuerzos del rey Josías a mediados del siglo VII. Se introdujeron reformas religiosas, siendo el objetivo de Josías centralizar el culto en el Templo de Jerusalén, extinguiendo otras formas de culto dentro de Judá. Josías buscaba una religión verdaderamente monoteísta con el culto a Yahvé. Mientras se construía un nuevo templo en Judá, se destruían otros lugares de culto religioso.

Algunos historiadores sugieren que pudo tratarse, al menos en parte, de un movimiento político, en el que los judíos trataban de establecer una armonía con los babilonios imitando su estilo de culto en el templo, ya que Babilonia era la potencia central de la región en aquella época. Estos esfuerzos resultaron inútiles, ya que Judá fue invadida por el rey babilonio Nabucodonosor II a principios del siglo VI a. C. Esta invasión condujo a la destrucción del Primer Templo (el Templo de Jerusalén) y a la deportación forzosa en masa de los judíos en un periodo conocido como el exilio babilónico o la cautividad babilónica.

Durante este periodo de exilio forzoso, los judíos intentaron mantener su identidad religiosa y cultural, a pesar de estar lejos de su hogar y vivir en la esclavitud. Sólo después de ser liberados por Ciro el Grande durante su conquista de Babilonia, los judíos pudieron volver a casa. Inmediatamente centraron su atención en la restauración del templo destruido y la construcción de uno nuevo.

Campaña de Shoshenq I

Los descubrimientos arqueológicos han revelado el verdadero alcance de la invasión del faraón egipcio Shoshenq I en la región oriental del Mediterráneo. Entre los años 930 y 925 a. C., invadió el Levante, capturando numerosas ciudades y conquistando asentamientos. En lugar de anexionarse el Levante, Shoshenq I optó por imponer el exilio a sus habitantes, sometiéndolos al dominio egipcio. Aunque los motivos de esta decisión siguen siendo inciertos, los historiadores sugieren que podría haber sido para desbaratar la fuerza de un estado unificado bajo dominio israelita, que probablemente Shoshenq I percibía como una amenaza.

Los detalles de la campaña de Shoshenq I contra Israel varían, dependiendo de si se analizan las pruebas arqueológicas o las narraciones bíblicas. Por ejemplo, el relato de la campaña en la Biblia se refiere a Jerusalén como objetivo principal. Sin embargo, el mérito triunfal de Shoshenq I indica que la campaña se concentró en gran medida en las tierras que formaban parte del reino de Israel.

El Libro de los Reyes narra la llegada de Shoshenq I y relata su éxito al tomar para sí los tesoros del palacio y del Templo de Jerusalén. Es posible que el reino de Israel llegara a conocimiento de Shoshenq I durante el reinado de Salomón, al menos según los relatos bíblicos.

Esto pudo ocurrir cuando Salomón intentó dar muerte a Jeroboam, un administrador, por traición. Sin embargo, Jeroboam huyó a Egipto, donde obtuvo asilo en la corte de Shoshenq. Tras la muerte de Salomón, Jeroboam regresó a Israel, donde consiguió forzar a la asamblea a rechazar a Roboam, hijo y sucesor de Salomón, erigiéndose él como rey.

Otros relatos sugieren que existía un vínculo político entre Egipto e Israel debido al matrimonio de Salomón con la hija del faraón, aunque hay que señalar que no se han descubierto pruebas arqueológicas que indiquen tal alianza. Sin embargo, albergar a los fugitivos de Israel parece que fue una política egipcia que causó estragos en la región, ya que el tratado egipcio con Israel sólo existía con David y Salomón. Egipto también apoyó la escisión de Israel de Judá, que fue una maniobra política, ya que la escisión debilitó a Israel frente al poderío de Egipto.

La ruptura de la monarquía proporcionó a Egipto una lucrativa oportunidad para hacerse con el control de la región. Algunas pruebas sugieren que la destrucción de Israel por los egipcios podría haber sido muy exagerada. Sin embargo, es cierto que tras el reinado de Jeroboam, Israel se convirtió en un estado vasallo de los egipcios y perdió gran parte de su poder.

La invasión asiria

Shalmaneser III
*Osama Shukir Muhammed Amin FRCP(Glasg), CC BY-SA 4.0
<https://creativecommons.org/licenses/by-sa/4.0>, via Wikimedia Commons;
https://commons.wikimedia.org/wiki/File:Shalmaneser_III,_detail,_North_Face,_East_End,_Throne_Dais_of_Shalmaneser_III_from_Nimrud,_Iraq.jpg*

El poder asirio comenzó a ascender en Oriente Próximo en el siglo XXI a. C., aunque subiría y bajaría varias veces con el paso de los siglos. A mediados del siglo VIII a. C., el Imperio neoasirio había conquistado gran parte de Oriente Próximo. Gracias a sus formidables reyes, la nación pudo aumentar su poder y establecerse como imperio mediante la expansión de sus fronteras, llegando a gobernar parte o la totalidad de Babilonia, Armenia, Media, Judea, Siria, Fenicia, Sumeria, Elam y Egipto. La diplomacia asiria era la cúspide de la eficacia y la complejidad, y los asirios también eran conocidos por su salvajismo en la guerra. Su reputación infundía temor en el corazón de sus enemigos.

La batalla de Qarqar

En 853 a. C., Salmanasar III y su ejército asirio lucharon contra una fuerza aliada de once reyes liderada por los reyes de Damasco e Israel en Qarqar. Los otros aliados eran Arabia, Amón, Usnatu, Arwad y Hamat.

El relato de la batalla de Salmanasar cuenta que causó cerca de catorce mil bajas, lo que supuso la victoria definitiva de los asirios. Sin embargo, estos testimonios suelen ser poco fiables, ya que los gobernantes tienden a exagerar sus victorias y los resultados de las batallas. El único relato conocido de la batalla de Qarqar procede de la estela de Kurkh, la estela asiria que narra el gobierno de Salmanasar. Independientemente de que realmente se lograra una victoria, los asirios no conquistaron más tierras en la región hasta los años posteriores al 840 a. C.

La destrucción de Israel

En el momento de la marcha de Asiria contra Israel, el imperio estaba en la cima de su poder. Su reputación de brutalidad y salvajismo era bien conocida. Mientras tanto, la sociedad israelita se había alejado de sus principios religiosos y olvidado el culto monoteísta a Yahvé. Como consecuencia, los israelitas fueron advertidos repetidamente por el profeta Isaías de la perdición que les esperaba si no se arrepentían.

Hacia el 738 a. C., los asirios recibieron tributos de Siria y Samaria, la capital israelita. Cuatro años más tarde, una rebelión en Damasco desencadenó una invasión asiria, que también provocó la pérdida de algunos territorios israelitas en el norte. La revuelta del rey israelita Oseas contra los asirios condujo al asedio de Samaria en torno al 722 a. C. por Salmanasar V, que se prolongó durante tres años. Durante este tiempo, Salmanasar murió y Sargón II ocupó el trono en su lugar. El mérito del asedio varía, ya que Sargón afirmó haber conquistado Samaria, aunque los historiadores creen que Salmanasar lo había conseguido antes de su muerte y que Sargón se atribuyó el mérito. Sin embargo, es posible que Sargón reconquistara la ciudad tras una breve rebelión. En cualquier caso, el asedio de Samaria fue un éxito, y tras la caída de la ciudad, Israel fue destruido. Sus habitantes fueron enviados a Asiria en cautiverio y reubicados en diversas tierras, lo que provocó la pérdida de las diez tribus de Israel.

La invasión babilónica

La caída del reino de Israel en manos de los neoasirios tuvo consecuencias también para el vecino reino de Judá, que se convirtió en un estado vasallo del Imperio neoasirio. Los asirios abandonaron cualquier campaña contra Judá en favor de aceptar el tributo que ofrecían los judíos. Más tarde, las campañas de los babilonios contra los judíos hicieron que Judea se convirtiera en un estado vasallo neobabilónico. Sin embargo, continuaron los disturbios en la región, que desembocaron en la invasión babilónica de 586 a. C. Aunque los relatos históricos no proporcionan suficiente información, los relatos bíblicos sugieren que Judá fue asediada por los babilonios entre 589 y 586 a. C. La invasión provocó la destrucción del Primer Templo y el exilio del pueblo de Judá. Fue también durante esta época cuando la religión yahvista se transformó en la religión monoteísta del judaísmo.

Como vasallo de Babilonia, Judá sufrió mucho en términos de población y economía. Durante este tiempo, sus defensas se debilitaron enormemente, por lo que regiones como el Néguev, la Sefela y Hebrón se perdieron ante las invasiones de los países vecinos. Jerusalén, que había sido la capital de una Judá próspera, redujo considerablemente su tamaño, y Mizpa, en la parte septentrional del reino de Judea, fue designada capital de Yehud, nombre de la provincia babilónica de Judá. Para modificar el significado religioso de Jerusalén y el poder de Judá, los que habían quedado atrás construyeron un nuevo templo en Betel, en la provincia de Benjamín, en sustitución del destruido en Jerusalén.

La invasión babilónica de Judá pretendía establecer el dominio babilónico sobre la región y paralizar su infraestructura religiosa. El intento más significativo al hacerlo fue desafiar la creencia de que Jerusalén era la tierra prometida que Yahvé había reservado para los israelitas, su pueblo elegido. La caída de la región en manos de invasores extranjeros introdujo una especie de crisis religiosa que obligó a reyes, escribas y profetas a conceptualizar su forma de entender la fe.

Sin embargo, el monoteísmo de su religión evolucionó, centrándose más en los conceptos de responsabilidad individual y universalismo. También se hizo mayor hincapié en la pureza y la santidad individuales. El exilio de los judíos también tuvo el efecto de fomentar un mayor sentido de identidad religiosa entre su pueblo, diferenciándolos de los babilonios con los que se vieron obligados a vivir. Los judíos siguieron practicando su religión, marcando su separación de otros grupos mediante la celebración del Sabbath y la práctica de la circuncisión en secreto.

Las pruebas arqueológicas son contradictorias y sugieren diferentes versiones de la estructura social del Judá neobabilónico. Algunos historiadores sugieren que a gran parte de la población de Judá se le permitió permanecer en su tierra natal, continuando con su vida anterior o incluso mejor, ya que fueron recompensados con las tierras de los que habían sido deportados a Babilonia. Muchos de los deportados poseían tierras o tenían influencia sobre el pueblo. Otros relatos sugieren que Judá quedó casi completamente despoblada tras la invasión babilónica, con cerca de catorce mil a dieciocho mil personas exiliadas, quedando apenas un 10 % de la población original.

Capítulo 4: Referencias bíblicas al antiguo Israel

La historia religiosa de Israel como tierra santa le confiere un gran significado bíblico. La tierra de Israel constituye la base de la Biblia y de las religiones judía y cristiana, por lo que tiene una gran importancia para la humanidad. Por ello, es esencial comprender el modo en que la Biblia se refiere y habla de esta tierra santa, su pueblo y su modo de vida.

En los textos bíblicos se pueden encontrar muchas historias del antiguo Israel, sobre todo en lo que respecta a sus reyes. Su gobierno se describe casi en su totalidad en las referencias bíblicas, ya que apenas existen fuentes externas que narren información relativa a los reyes de la Monarquía Unida. Así pues, estas referencias bíblicas son un importante testimonio histórico del estado de la monarquía y de la Edad de Oro de Israel.

La Monarquía Unida

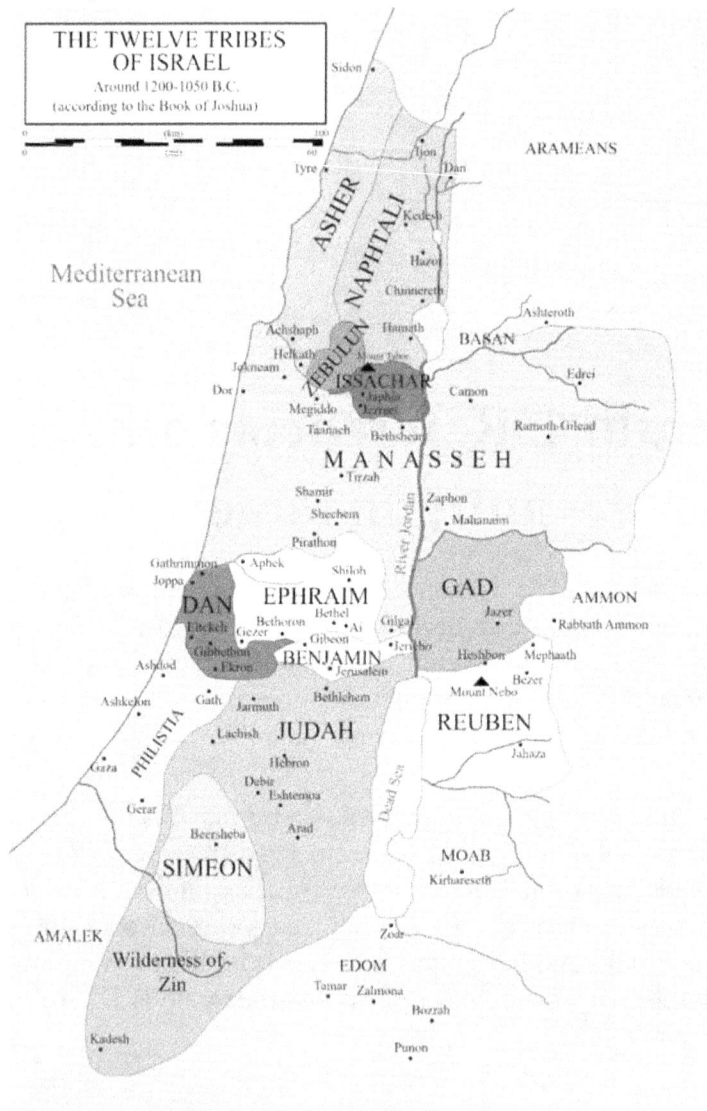

Las doce tribus de Israel
12 tribus de Israel.svg: Traducido por Kordas12 staemme israels heb.svg: por user:12ºr staemme israels.png: por user;Janzderobra derivada Richardprins, CC BY-SA 3.0<http://creativecommons.org/licenses/by-sa/3.0/>, via Wikimedia Commons;https://commons.wikimedia.org/wiki/File:12_Tribes_of_Israel_Map.svg

La historia de Israel, tal como la narra el Antiguo Testamento, comienza con la alianza hecha en el monte Sinaí tras la liberación del pueblo israelita de la esclavitud egipcia. A los israelitas se les dio la oportunidad de aceptar a Dios (Yahvé) y de vivir como su pueblo elegido. Si aceptaban, Él les conduciría a la tierra prometida. Los Diez Mandamientos fueron entonces revelados al pueblo, junto con los estatutos ofrecidos por Dios que llegaron a ser conocidos como el Libro de la Alianza.

Las enseñanzas de los Diez Mandamientos se narran en el Libro del Éxodo. Los Diez Mandamientos prohíben adorar a otros dioses, ídolos o imágenes y tomar el nombre del Señor en vano. También ordenan honrar a los padres y prohíben robar, matar, adulterar, ser avaricioso y mentir.

Durante los siguientes cientos de años, Israel existió como una civilización sin rey, guiada en su lugar por profetas que habían sido enviados por Dios para enseñar a su pueblo la forma correcta de vivir. Finalmente, el pueblo de Israel pidió un rey al profeta Samuel. Querían a alguien que dictara sentencia y gobernara las tierras como sus vecinos. Esta petición se narra en el Libro de Samuel cuando el profeta pidió a Dios que atendiera los deseos del pueblo. Samuel recibió entonces la orden de nombrar rey a Saúl.

Reinado de Saúl

El reinado de Saúl, que comenzó a finales del siglo XI a. C., se considera en gran medida el periodo en el que las dispersas civilizaciones israelita y de Judea se unieron bajo un único gobierno. Los relatos de su reinado proceden en gran parte de la Biblia hebrea, que habla de su nombramiento por Samuel. Saúl procedía de la región de Guibeá, que fue también el epicentro de su gobierno, y pertenecía a la tribu de Benjamín.

Los relatos sobre el gobierno de Saúl y la duración de su reinado varían. Algunos relatos bíblicos sugieren que sólo gobernó dos años, pero los historiadores coinciden en que su reinado debió durar entre veinte y veintidós años si es que existió (no hay pruebas firmes de que los primeros reyes israelitas existieran, algo de lo que hablaremos más adelante; los años estimados del reinado de Saúl proceden de otros acontecimientos históricos que coincidieron con su reinado). El Nuevo Testamento sugiere que gobernó durante cuarenta años.

En los sucesivos capítulos del Libro de Samuel se relatan tres historias del nombramiento de Saúl como rey. Un relato sugiere que fue designado en privado por Samuel mientras buscaba los asnos de su padre cerca de Ramá. El segundo relato narra el intento de Samuel de encontrar un rey tras el creciente movimiento para establecer una monarquía en Israel. Al parecer, Samuel reunió a la gente por tribus, eligiendo a la tribu de Benjamín, y luego por clanes, eligiendo a los matri, de entre los cuales Saúl fue elegido. Un tercer relato habla de Saúl al frente de un ejército contra los amonitas, que habían sitiado Jabes de Galaad, en el noroeste del Jordán. Al regresar victoriosos, los israelitas se reunieron en Gilgal y coronaron rey a Saúl.

Tras esta victoria, Saúl dirigió muchas más campañas militares, que según la Biblia se saldaron todas con victorias. Esto incluye campañas contra Aram Rehob, los edomitas, los moabitas, los amonitas, los amalecitas, los filisteos y los aram-zoba. Su victoria contra los filisteos en el segundo año de su reinado fue especialmente notable, ya que condujo a la victoria a unos pocos miles de soldados israelitas contra una enorme fuerza filistea de unos cuarenta mil hombres.

Los filisteos eran un pueblo no semita asentado en la costa meridional de Canaán, en Filistea. Su mención en el Antiguo Testamento se refiere sobre todo a sus frecuentes guerras con los israelitas. Las causas de sus frecuentes enfrentamientos se atribuyen sobre todo al estilo de vida violento y las tendencias guerreras de los filisteos. Su política expansionista y sus diferencias con los israelitas, en particular con su práctica de la religión y su estructura social como Estado no unificado, también podrían haber fomentado las hostilidades.

El comienzo de la caída de Saúl como gobernante se produjo tras su ruptura con Samuel, quien le había ordenado que dirigiera un ejército contra los amalecitas y los destruyera por completo. Mientras Saúl lo hacía, matando a sus hombres, mujeres, niños y ganado más pobre, perdonó al rey y a su mejor ganado. Cuando Samuel supo que Saúl lo había desobedecido, le dijo que Dios lo había rechazado como rey. Cuando Saúl se apoderó de las vestiduras de Samuel y las rasgó furioso, Samuel profetizó el fin del reinado de Saúl.

Samuel buscó entonces a David, hijo de Jesé y siervo de Saúl, y lo ungió rey delante de sus hermanos. Durante el resto de su reinado, Saúl siguió desconfiando de David e incluso intentó matarlo en varias ocasiones.

El final de Saúl llegó con la batalla de Gilboa, donde los filisteos se habían reunido para lanzar un ataque contra los israelitas. Antes de la batalla, Saúl visitó a una bruja que conjuró al espíritu de Samuel, que había muerto cinco años antes. Informó a Saúl de que Dios le había abandonado y que al día siguiente perdería tanto la batalla como la vida.

Aunque los relatos varían ligeramente, la narración más común sugiere que Saúl se quitó la vida durante la batalla, cayendo sobre su propia espada. Los filisteos se apoderaron de los cuerpos de Saúl y sus hermanos muertos en el campo de batalla y exhibieron sus cabezas decapitadas en los muros de Bet-sán.

Eshbaal toma el mando

Eshbaal, o Ish-boset, como se le denomina en la Biblia hebrea, fue el segundo monarca del reino de Israel, sucediendo a su padre Saúl alrededor del 1012 a. C. Su reinado de dos años estuvo marcado principalmente por batallas y conflictos con David, que recibió mucho apoyo. Tras la muerte de Saúl, Abner, capitán del ejército de Saúl, nombró a Eshbaal nuevo rey. Sin embargo, la tribu de Judá se opuso y nombró rey a David, lo que provocó una guerra.

La guerra concluyó a favor de David cuando Abner abandonó a Eshbaal. Los términos de paz de David incluían la devolución de su esposa, Mical, hija de Saúl y hermana de Eshbaal. Mical había sido entregada por Saúl a otro hombre después de que David se viera obligado a huir.

El breve gobierno de Eshbaal también se narra en el Libro de Samuel, que habla de su asesinato. Lo mataron dos capitanes de su ejército, Recab y Baana, que cometieron esta traición con la esperanza de recibir una recompensa de David. Sin embargo, David se negó a recompensarlos y ordenó su ejecución, haciendo que les cortaran las manos y los pies.

La Edad de Oro de Israel

Se cree que la Edad de Oro del Reino de Israel comenzó con el reinado de David. Durante esta época, el reino alcanzó gran riqueza, prosperidad y esplendor. La prosperidad económica y religiosa de Israel, junto con el desarrollo de unas relaciones comerciales eficaces y la sabiduría de sus gobernantes, lo convirtieron en una fuerza notable en la región. Sin embargo, es posible que su Edad de Oro dependiera demasiado de sus gobernantes, ya que el final del reinado de Salomón marcó el declive del periodo. Sin embargo, Israel prosperó mientras este duró.

David se convierte en rey

David luchando contra Goliath
Majumwo, CC BY-SA 4.0 <https://creativecommons.org/licenses/by-sa/4.0>, via Wikimedia Commons; https://commons.wikimedia.org/wiki/File:David_as_he_fights_Goliath.jpeg

Tras la muerte de Eshbaal, David fue aceptado como rey del reino de Israel sobre el año 1010 a. C. Según la Biblia, David ya era una figura conocida. Durante el reinado de Saúl, David había sido uno de los favoritos del rey por ser un consumado arpista y el hombre que derrotó en batalla al gigante filisteo Goliath. Este había desafiado a los israelitas a que enviaran un campeón que se atreviera a enfrentarse a él. Saúl tenía miedo, pero David se ofreció voluntario, llevando sólo un bastón, una honda y cinco piedras.

Parecía un enfrentamiento injusto, ya que Goliath era muchísimo más grande que David. Goliath tenía armadura y una jabalina, mientras que David tenía poco con lo que luchar, aparte de piedras. Sin embargo, David se anotó una victoria cuando lanzó una piedra, golpeando a Goliath en el centro de la frente, haciéndole caer al suelo. David le cortó la cabeza y los filisteos huyeron, mientras los israelitas los perseguían.

David incluso se hizo muy amigo del hijo de Saúl, Jonatan. Sin embargo, una vez que Samuel declaró que Saúl ya no contaba con el favor de Dios, Saúl se volvió cada vez más paranoico con la idea de que David le robara el trono e intentó asesinarlo en múltiples ocasiones.

El logro más notable de David tras convertirse en rey fue su conquista de Jerusalén, que había estado bajo el control de una tribu cananea denominada jebuseos. También consiguió devolver a Israel el Arca de la Alianza, que había residido en Silo. Más tarde, el rey Salomón colocó el Arca en el Primer Templo. David, que ya gozaba de mucha fama y apoyo entre los israelitas, se hizo aún más popular con sus conquistas sobre los moabitas, los amalecitas, los filisteos, los amonitas, los edomitas y los aram-zoba.

El Primer Libro de Samuel y el Libro de las Crónicas narran la vida familiar de David. Mientras sus ejércitos asediaban Rabá de Amón, David permaneció en Jerusalén, donde conoció a Betsabé, a la que dejó embarazada. Más tarde hizo matar a su marido en plena batalla. Sin embargo, tras reconocer su pecado ante el profeta Natán, le dijeron que su hijo no sobreviviría. David también se enfrentó a las revueltas de sus propios hijos. En primer lugar, su hijo favorito, Absalón, se levantó en venganza contra él, matando al otro hijo de David, Ammón, por violar a su hermana. Los planes de Absalón contra su padre podrían haber tenido éxito si no se hubiera infiltrado entre los hombres de David. Absalón fue sorprendido en el bosque de Efraín. A pesar de las órdenes de David contra un castigo severo, Absalón fue asesinado por su traición. David lamentó mucho esta pérdida.

En el lecho de muerte de David, su hijo mayor, Adonías, se proclamó rey. Sin embargo, Betsabé y el profeta Natán convencieron a David para que nombrara rey a Salomón, hijo de Betsabé. La revuelta de Adonías fue rápidamente sofocada. Así, Salomón se convirtió en rey tras la muerte de David a la edad de setenta años. El gobierno de Salomón podría haber estado directamente influido por David, cuyas palabras de despedida a su hijo fueron que buscara la venganza en su nombre.

David desempeña un papel importante en la narrativa bíblica y la mitología religiosa. La tradición judía representa a David como el rey ideal y como antepasado de Jesús, que se menciona en los Evangelios de Mateo y Lucas. La tradición islámica también muestra a David como rey de Israel y profeta de Dios. Sin embargo, hay que recordar que la información de este capítulo procede del Antiguo Testamento. No hay pruebas históricas firmes de que David existiera, aunque la mayoría de los eruditos coinciden en que David y Salomón fueron personas reales. Más adelante profundizaremos en la historicidad de estos gobernantes y aportaremos algunas pruebas de su posible existencia.

Salomón ocupa el trono

Representación del Templo de Salomón en Jerusalén
Wellcome Images, CC BY 4.0 <https://creativecommons.org/licenses/by/4.0>, via Wikimedia Commons; https://commons.wikimedia.org/wiki/File:The_temple_of_Solomon_at_Jerusalem._Coloured_engraving,_ca._Wellcome_L0047683.jpg

Se dice que la Edad de Oro de Israel comenzó con el reinado de David, pero el reino experimentó aún más prosperidad bajo Salomón. Sin embargo, el final de su reinado también marcó el declive de la Monarquía Unida. Se cree que Salomón subió al trono en el año 970 a. C. tras la muerte de su padre. Gobernó durante unos cuarenta años. El Primer Libro de los Reyes menciona el reinado de Salomón y su muerte.

Las referencias bíblicas y religiosas describen a Salomón como un profeta y un sabio gobernante. Su sabiduría se presenta como un regalo de Dios, que se le apareció en sueños y le preguntó qué regalo quería, a lo que Salomón respondió que sabiduría para gobernar a su pueblo. También se hace referencia a su riqueza y poder, y la tradición islámica lo retrata como profeta de Dios. Incluso las tradiciones no religiosas se refieren a Salomón como una especie de mago, atribuyéndole muchos amuletos recuperados de la época helenística.

El primer acto de Salomón como rey fue seguir las instrucciones de su padre y purgar el reino de usurpadores y traidores, eliminando a quienes se habían opuesto a David o conspirado contra él. Para proteger su reinado, Salomón nombró a amigos de confianza para ocupar importantes cargos administrativos, cívicos, militares e incluso religiosos. Según la Biblia, Salomón construyó el Primer Templo de Jerusalén, que su padre había querido construir, para guardar el Arca de la Alianza. El templo estaba dedicado al culto de Yahvé. Salomón también construyó un palacio real en Jerusalén y reconstruyó muchas ciudades, lo que contribuyó a los intereses comerciales de Israel.

Bajo el gobierno de Salomón, el ejército israelita se reforzó, sobre todo con la incorporación de carros y caballería. Salomón también estableció muchos puestos comerciales y militares fundando nuevas colonias. Siguiendo los pasos de su padre, se centró en desarrollar y fortalecer las relaciones comerciales de Israel, especialmente con los fenicios. También cultivó relaciones comerciales con Tarsis y Ofir, que trajeron al reino productos de lujo como plata, oro, sándalo, marfil, perlas, monos y pavos reales. La floreciente economía de Israel y la enorme riqueza de Salomón pueden atribuirse a estos fructíferos contratos comerciales.

La sabiduría de Salomón era muy apreciada y buscada. Uno de los ejemplos más famosos es el juicio de Salomón. Quizá conozca la historia. Dos mujeres acudieron a Salomón, ambas reclamando un hijo. Salomón sugirió cortar al niño por la mitad y dar a cada mujer una parte. Una de las mujeres protestó y decidió renunciar a su derecho. Salomón le dio el niño, alegando que sólo una verdadera madre preferiría renunciar a su hijo antes que verlo morir. Salomón también es autor de varios libros, como la Sabiduría de Salomón, el Cantar de los Cantares y los libros de los Proverbios y el Eclesiastés.

Salomón acabó por enfadar a Dios, provocando la división de la Monarquía Unida. Se apartó de Dios y en su lugar adoró a los falsos dioses de sus esposas, llegando incluso a construir templos para su culto. Salomón murió a la edad de sesenta años por causas naturales. Siguiendo el modelo de la monarquía hereditaria que se había establecido en Israel, su hijo Roboam subió al trono. El final del reinado de Salomón marcó también el principio del fin de la Edad de Oro de Israel, ya que el reino pasó del desarrollo y la prosperidad al conflicto y a la agitación.

El Último Gobernante de la Monarquía Unida: El Rey Roboam

Incluso antes de la muerte de Salomón, el reino había empezado a desmoronarse. El Primer Libro de los Reyes narra que parte del caos pudo deberse a las prácticas de Salomón en su vida personal, que no concordaban con las creencias religiosas del país, como su matrimonio con muchas esposas extranjeras y la adoración de dioses amonitas y moabitas.

Cuando Roboam se convirtió en rey, se enfrentó inmediatamente a la oposición de diez de las tribus israelitas. La madre de Roboam era amonita, lo que la convertía en una de las esposas extranjeras de Salomón. Por lo tanto, su hijo, a los ojos de los israelitas, no era apto para gobernar. Se cree que el reinado de Roboam, descrito en los Libros de los Reyes y de las Segundas Crónicas, comenzó en el año 931 a. C. y duró unos veinte años.

Aunque los israelitas se opusieron a la herencia de Roboam, la gota que colmó el vaso pudo ocurrir en su coronación, cuando las diez tribus se reunieron para pedir que se aprobaran ciertas reformas. En lugar de entablar un debate civilizado, Roboam impuso impuestos más elevados a las tribus. Esto, unido a la mayor carga económica que soportaban las tribus debido al fastuoso estilo de vida de Salomón, no fue bien recibido. Además, las regiones de Israel y Judea habían albergado históricamente animadversión mutua, que sólo se había aplacado cuando David unió a ambas con sus victorias militares. Cuando las diez tribus se rebelaron, se separaron de la Monarquía Unida, estableciendo el Reino de Israel y dejando a Roboam como gobernante del más pequeño Reino de Judá. Las dos regiones permanecieron en guerra durante todo el reinado de Roboam.

El quinto año de gobierno de Roboam estuvo marcado por la invasión del rey Sisac de Egipto. Las quince ciudades fortificadas construidas por Roboam durante su gobierno sugieren que había estado esperando un ataque; sin embargo, no está claro si algún altercado previo le había hecho creer que un ataque de Egipto era inminente o si simplemente se estaba preparando para la posibilidad de una guerra. Sisac tomó todas las ciudades fortificadas, obligando a Roboam a rendirse. Roboam ofreció todas las riquezas del Templo como tributo. A partir de ese momento, Judá se convirtió en un estado vasallo de Egipto. Aunque los registros históricos son confusos, muchos historiadores creen que este Sisac, como se menciona en el Libro de las Crónicas, se refiere a Shoshenq I. Al final del reinado de Roboam, su hijo, Abijah, le sucedió.

Historicidad

Como ya se ha mencionado, no hay pruebas firmes de que la Monarquía Unida existiera. Algunos investigadores creen que hay pruebas de que existió, como partes del palacio de David; sin embargo, otros se muestran escépticos y afirman que el descubrimiento podría no ser cierto. Algunos arqueólogos creen haber encontrado piedras y estelas con el nombre de David, aunque otros estudiosos creen que el nombre podría referirse a otra persona o estar mal traducido.

Dicho esto, la mayoría de los eruditos creen que David y Salomón existieron. Sin embargo, no creen que vivieran tan fastuosamente como se describe en la Biblia. Aunque no hay pruebas sólidas de que los reyes davídicos pisaran la tierra, es difícil descartar por completo los escritos bíblicos, por lo que arqueólogos y estudiosos siguen intentando demostrar su existencia.

Capítulo 5: El reino de Judá

El Reino de Judá, al igual que su homólogo, descendía de los israelitas que habían recibido la guía y la bendición de Dios en el monte Sinaí. Inicialmente, Judá formaba parte de la Monarquía Unida (al menos según la tradición bíblica), pero las tribus se dividieron más tarde, y dos de ellas formaron el Reino de Judá en el sur. Incluso si la Monarquía Unida existió, es probable que sólo estuviera unida de manera superficial.

Durante sus primeros años, el reino estuvo escasamente poblado. No fue hasta mucho más tarde, bajo el dominio extranjero, cuando empezó a crecer y prosperar. Judá desempeña un papel importante en la vida de los judíos, que descienden principalmente de los habitantes de esta región.

La revuelta de Jeroboam

Incluso antes del final de la Monarquía Unida y de la formación del Reino separado de Judá, existían fricciones entre la región meridional y la septentrional. Una de las razones de las tensiones era la topografía. Judá (la región meridional) estaba aislada de las otras diez tribus del norte debido a las montañas y los valles. La exclusión de Judá del resto del reino, combinada con su frontera compartida con los filisteos, que a menudo se enfrentaban a la Monarquía Unida, no ayudó a fomentar las relaciones amistosas.

La verdadera división entre las regiones se produjo con la revuelta de las diez tribus israelitas. Comenzó con la ceremonia de coronación de Roboam, el último de los reyes bajo la Monarquía Unida. En la ceremonia, las diez tribus israelitas, lideradas por Jeroboam, se acercaron al rey recién ungido y le pidieron que concediera una reducción de los pesados impuestos que Salomón había recaudado para financiar su fastuoso estilo de vida. En respuesta, Roboam decidió aumentar los impuestos, lo que provocó la rebelión de las diez tribus. Éstas nombraron rey a Jeroboam sobre el año 931 a. C.

Aunque al principio sólo la tribu de Judá permaneció leal a Roboam, la tribu de Benjamín pronto se unió para formar el reino de Judá. Las tensiones que habían existido entre el norte y el sur antes de la división se intensificaron.

Jerusalén: La capital de Judá

Maqueta reconstruida de la antigua Jerusalén
Водник at ru.wikipedia, CC BY-SA 2.5 <https://creativecommons.org/licenses/by-sa/2.5>, via Wikimedia Commons;
https://commons.wikimedia.org/wiki/File:Reconstruction_model_of_Ancient_Jerusalem_in_Museum_of_David_Castle.jpg

Jerusalén fue la capital de Judá durante unos cuatrocientos años. Antes de la división de la Monarquía Unida, funcionaba como un importante centro cultural y religioso, sobre todo tras la construcción del Templo de Salomón, que se convirtió en el principal centro de culto. Durante el reinado de Salomón, se construyeron otros edificios importantes en Jerusalén, como el palacio de Salomón, lo que indica la importancia sociopolítica y religiosa de la ciudad.

Tras la escisión de la Monarquía Unida, Jerusalén era una región políticamente inestable. A lo largo de la existencia del Reino de Judá, fue atacada y saqueada por los egipcios, los neoasirios, los filisteos, los árabes y los etíopes. La presencia del Templo permitió a Jerusalén mantener su posición como centro religioso y lugar de frecuentes peregrinaciones. Como tal, desempeñó un importante papel social y religioso hasta la invasión babilónica, cuando la ciudad fue completamente arrasada.

Tras la liberación de los judíos del cautiverio babilónico por Ciro el Grande, se permitió a los judíos regresar a sus hogares, y el rey aqueménida ofreció ayuda monetaria para reconstruir la ciudad. La construcción del Segundo Templo se completó durante el reinado del tercer emperador del Imperio aqueménida, Darío el Grande, y las murallas de la ciudad se reconstruyeron con la ayuda de Artajerjes I, su sucesor. Jerusalén fue restaurada y sus habitantes vivieron en relativa paz hasta que los griegos derrotaron a los aqueménidas y se apoderaron del Imperio persa.

La vida en Judá

Tras la división de la Monarquía Unida, Israel y Judá siguieron enfrentados y se enzarzaron en una guerra civil durante todo el reinado de Roboam. Como Roboam había sido nombrado inicialmente rey de la Monarquía Unida, no sólo de Judá, se esforzó por someter a Israel a su control y construyó muchas ciudades fortificadas en prevención de la guerra. El hijo de Roboam también intentó someter a Israel al dominio de Judá.

Mientras se desarrollaba esta guerra civil, en el quinto año de gobierno de Roboam, Judá fue invadida por el faraón Shoshenq I de Egipto, que derribó las ciudades fortificadas de Judá con facilidad. En respuesta, Roboam optó por rendirse en lugar de luchar, entregando a Shoshenq los tesoros del Templo de Jerusalén como tributo. Tras conquistar la región, Shoshenq permitió a los judíos seguir viviendo como hasta entonces, con la diferencia de que ahora eran un estado vasallo de Egipto. Dicho estado vasallo continuó con sus esfuerzos por someter a Israel a su reino.

Batalla del Monte Zemaraim

Roboam estaba dispuesto a ir a la guerra contra el recién establecido Reino de Israel cuando éste se dividió por primera vez, pero se le aconsejó que se abstuviera de ir a la guerra contra sus hermanos. Sin embargo, su hijo y sucesor, Abías, dirigió una batalla histórica contra los israelitas en el monte Zemaraim. Esta batalla se narra en el Libro de las Crónicas y se cree que tuvo lugar alrededor del año 913 a. C.

En la Biblia, se dice que Abías dirigió un ejército de 400.000 hombres contra Jeroboam de Israel, que dirigía a unos 800.000 hombres para resolver las disputas entre los dos reinos, sobre todo la cuestión fronteriza. Antes de la batalla, la Biblia narra que Abías intentó animar a los israelitas a abandonar las armas y regresar a vivir bajo un gobierno unificado. Jeroboam hizo caso omiso de la invitación y, en su lugar, intentó una maniobra de emboscada contra los judíos, con una parte de su ejército acercándose por detrás. Sin embargo, Abías fue capaz de contrarrestar esta maniobra, dando la vuelta a la tortilla.

Los judíos obtuvieron una victoria decisiva en esta batalla, matando a unos quinientos mil israelitas y dando caza a los restantes que intentaron huir del campo de batalla. Los judíos lograron tomar las ciudades israelitas de Efrón, Betel y Jesaná. Aunque la batalla fue una victoria concluyente para Judá, no era suficiente para reunificar los dos reinos y sólo sirvió para profundizar las hostilidades entre ambos, produciéndose continuas guerras fronterizas entre las regiones hasta que los asirios se apoderaron del reino de Israel.

Batalla de Zephath

Tras el enfrentamiento del monte Zemaraim, los dos reinos no se enzarzaron en grandes batallas durante un tiempo. El sucesor de Abías, Asá, consiguió mantener una paz relativa durante los primeros años de su gobierno, hasta que los etíopes, apoyados por los egipcios, que pretendían hacerse con el control directo de la región, atacaron a los judíos. El Segundo Libro de las Crónicas describe la batalla de Sofat, que tuvo lugar en el valle de Sofat, en el actual Israel.

Los etíopes, dirigidos por Zera, contaban con un millón de hombres, según la Biblia, que señala la intervención divina como la razón de la victoria de los judíos en la batalla. Los judíos persiguieron a los etíopes hasta Gerar, donde tuvieron que detenerse por agotamiento. Asa reunió un importante número de tesoros como resultado de su victoria y pudo establecer la paz con los egipcios hasta mediados del siglo VII a. C.

La inestable alianza con Israel

El rey Asa fue desafiado una vez más por los israelitas, liderados por Basha, que obligaron a Asa a pagar un elevado tributo. A cambio, Asa sobornó al rey damasceno para que rompiera su tratado con los israelitas e invadiera la región. Este ataque obligó a los israelitas a alejarse de la frontera de Judá. El sucesor de Asa, Josafat, cambió la política de Judá en relación con los israelitas, ya que intentó forjar una alianza con ellos.

Esta alianza se hizo inicialmente a través del matrimonio. Como afirma el Segundo Libro de las Crónicas, Josafat casó a su hijo con la hija del rey Ajab de Israel. En la batalla de Ramot de Galaad, Ajab intentó recuperar tierras de Siria, conocida entonces como Aram-Damasco, y contó con la ayuda de Josafat. Sin embargo, la batalla se perdió. Siria mantuvo el control de Ramot de Galaad, y Acab fue gravemente herido en la batalla, muriendo desangrado.

Josafat intentó crear una alianza con el sucesor de Ajab, Ocozías, para mantener las relaciones comerciales y el comercio marítimo. Más tarde, Josafat ayudó a Joram de Israel contra los moabitas, que habían estado bajo dominio israelita y se habían sublevado. La rebelión fue rápidamente sofocada, pero Josafat tuvo que retirarse precipitadamente cuando el rey moabita ofreció a su propio hijo en sacrificio.

Joram sucedió a Josafat, y el gobierno de Judá empezó a tambalearse. Aunque Joram pudo formar una alianza con los israelitas casándose con la hija de Ajab, hubo problemas. Edom, una tierra al sur, se rebeló contra el gobierno de Judá, y Joram se vio obligado a declararla como estado independiente. Otras incursiones y ataques de los árabes, los etíopes y los filisteos se llevaron todo, desde la riqueza del rey hasta su familia, dejando a Judá en una posición debilitada.

La caída de Israel

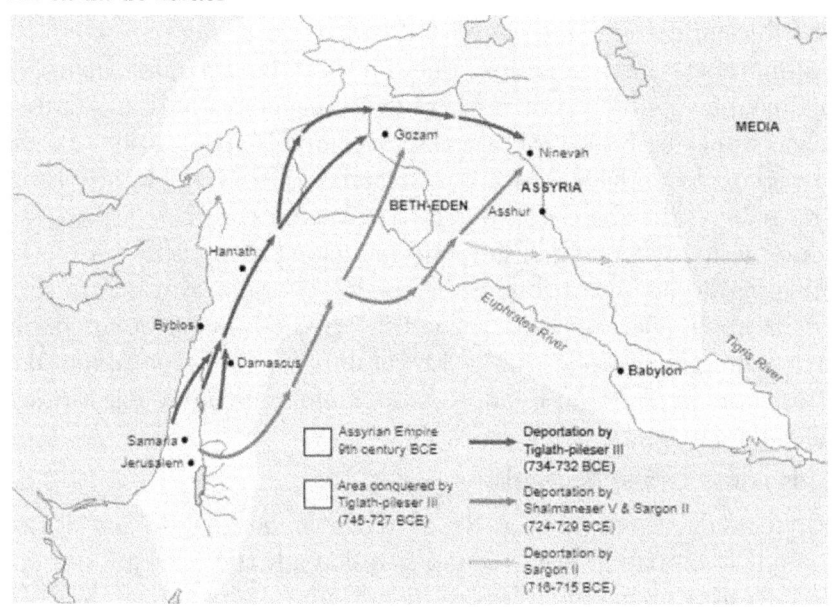

Deportaciones de Asiria
Joelholdsworth, CC BY-SA 3.0
<https://commons.wikimedia.org/wiki/File:Deportation_of_Jews_by_Assyrians.svg>, *vía Wikimedia Commons*;https://commons.wikimedia.org/wiki/File:Deportation_of_Jews_by_Assyrians.svg

Hacia mediados del siglo VIII a. C., Israel luchaba contra las incursiones neoasirias. El Libro de las Crónicas y el Segundo Libro de los Reyes describen la política de deslocalización que el Imperio neoasirio inició contra los israelitas y que supuso la desaparición del Reino de Israel.

Israel fue conquistado por Salmanasar V, y comenzó un período de expulsión forzosa de los israelitas de su hogar a Asiria. Las deportaciones comenzaron en el 732 a. C., y los asirios fueron conquistando poco a poco varias ciudades israelitas. En el 722 a. C., la ciudad de Samaria, capital del reino de Israel, cayó en manos de Sargón II tras un asedio de tres años iniciado por Salmanasar V.

Tras conocer la noticia de la caída de Israel, Ezequías, rey de Judá, abrió sus tierras a los israelitas que habían sido abandonados por los asirios. Quería celebrar la Pascua en Jerusalén. Aunque algunos se burlaron de esta invitación, muchos israelitas que se habían quedado se presentaron, incluidos los de Efraín, Zabulón, Manasés e Isacar. Muchos historiadores creen ahora que, en lugar de que los asirios se llevaran a todos los israelitas a su tierra, algunas de estas regiones fueron anexionadas por los judíos, y los israelitas fueron absorbidos por la población de Judá tras el exilio asirio.

A diferencia de los judíos, que fueron obligados a exiliarse por Babilonia, pero pudieron regresar a su patria generaciones más tarde, los israelitas nunca regresaron. Por eso se les llama las Diez Tribus Perdidas de Israel, y los relatos históricos sugieren que la población israelita podría haber sido absorbida por las poblaciones asiria y judía o entre regiones vecinas, ya que la historia no menciona ni muestra rastro alguno de ninguna de las diez tribus israelitas tras el exilio asirio. Aunque los asirios también atacaron Judá y sitiaron Jerusalén, nunca se apoderaron del reino ni intentaron destruirlo. En cambio, los asirios permitieron que Judá funcionara como un estado vasallo, aunque tuvo que pagar muchos tributos para mantener su libertad.

Judá como vasallo de Asiria

El Segundo Libro de los Reyes narra la llegada de los asirios a Levante bajo el mando de Senaquerib, quien advirtió a los judíos que no podrían resistir un ataque asirio confiando únicamente en su dios. En el 715 a. C., Ezequías forjó alianzas con Egipto y Ascalón, una región filistea, para reunir una fuerza que se enfrentara a los asirios negándose a pagarles un tributo. Senaquerib sitió Judá, y Ezequías se vio obligado a pagar un alto tributo, incluido todo el oro del tesoro del Templo. Incluso arrancó el oro de las puertas del Templo. Catorce años después, Senaquerib volvió a sitiar Jerusalén, pero nunca tomó la ciudad.

Durante el gobierno de Manasés, entre principios del siglo VII a. C. y mediados del siglo VII a. C., Judá siguió siendo un estado vasallo de los asirios. El tributo impuesto a los judíos incluía la ayuda para proyectos de construcción y la asistencia en campañas. En 640 a. C., el sucesor de Manasés, Josías, encontró cierto margen de maniobra en el autogobierno, ya que el Imperio asirio había estado luchando, los egipcios intentaban restablecer su autonomía tras el dominio asirio y los neobabilonios aún no se habían alzado.

Sin embargo, en el año 609 a. C., el faraón egipcio Necao II ayudó a los asirios a dirigir un ejército hacia Levante, entrando por Siria. Fue bloqueado en el valle de Jezreel por los judíos, que intentaban ayudar a los babilonios impidiendo el paso de Necao. Sin embargo, en la batalla que siguió, Josías fue asesinado y la alianza egipcio-asiria sitió Harran, aunque no logró mantener el control de la ciudad. Necao II se retiró a Siria.

Una vez que Necao regresó a Egipto, sustituyó al sucesor de Josías, Joacaz, por el hermano mayor de Joacaz, Joacim. Joacaz fue llevado como prisionero a Egipto. Como castigo, se impuso un pesado tributo a Judá, que Joacim se vio obligado a pagar hasta que los babilonios derrotaron a los egipcios. En un movimiento estratégico, Joaquín cambió su lealtad y comenzó a pagar tributo a Nabucodonosor II de Babilonia en el 605 a. C.

En el año 601 a. C., Nabucodonosor dirigió una campaña fallida para apoderarse de Egipto, que también le supuso grandes pérdidas. Tras ver este fracaso, muchos de los estados vasallos de Babilonia se rebelaron, entre ellos Judá. Joaquín se negó a pagar más tributos a los babilonios. En respuesta, Nabucodonosor sitió Jerusalén, intentando sofocar la rebelión.

Asedio a Jerusalén

La fuga de los prisioneros, de James Tissot
https://commons.wikimedia.org/wiki/File:Tissot_The_Flight_of_the_Prisoners.jpg

La revuelta de Judá contra Babilonia duró desde el 601 a. C. hasta el 586 a. C., cuando los babilonios se apoderaron de Judá. En el 601 a. C. murió Joaquín y le sucedió su hijo Jeconías. En el primer asedio de Jerusalén, en 597 a. C., la ciudad se rindió. Jerusalén fue saqueada por los babilonios, y muchos miembros destacados, incluido el propio rey, fueron deportados. El tío de Jeconías, Sedequías, fue instalado como rey vasallo.

El Libro de los Reyes sugiere que este primer asedio duró tres meses antes de que la ciudad se rindiera y perdiera muchas de sus riquezas y habitantes, sobre todo la realeza y muchos artesanos cualificados. Durante unos diez años, Judá siguió siendo un Estado en crisis y vasallo de los babilonios. Hacia 589 a. C., en contra del consejo del profeta Jeremías, Sedequías forjó una alianza con los egipcios y se rebeló contra los babilonios.

Ese mismo año, Nabucodonosor regresó a Jerusalén y volvió a sitiar la ciudad. El asedio pudo durar entre dieciocho y treinta meses y provocó la huida de muchos judíos a las regiones vecinas en busca de refugio. Los que se quedaron sufrieron terriblemente, ya que se vieron privados de numerosas pertenencias esenciales. Cuando Nabucodonosor finalmente rompió las defensas de la ciudad, capturó a

Sedequías, que había intentado escapar con su pueblo. Después de ser obligado a ver cómo mataban a sus hijos, Sedequías fue cegado y llevado cautivo a Babilonia, donde murió más tarde.

Los babilonios iniciaron entonces la destrucción total de Jerusalén. El Templo y la ciudad fueron completamente destruidos, y la mayor parte de la población de Judá fue llevada cautiva a Babilonia. Para completar la destrucción de la ciudad, fue incendiada, al igual que las ciudades y regiones circundantes. Unos pocos judíos fueron dejados atrás para ocuparse de las tierras de la provincia de Yehud, y Gedalías fue nombrado gobernador de la región.

Gedalías era nativo de Judá, y la noticia de su nombramiento animó a muchos judíos que se habían refugiado en tierras vecinas a regresar a Judá. Sin embargo, el asesinato de Gedalías a manos de Ismael, de la casa real de Judá, no produjo buenos sentimientos, y muchos de los que habían regresado emprendieron una huida precipitada. Muchos buscaron refugio en Egipto, estableciéndose cerca del Nilo. Judá siguió siendo una provincia babilónica hasta la caída de Babilonia a manos de Ciro el Grande.

Provincia de Yehud

Bajo los babilonios, la ciudad de Mizpa fue nombrada capital de Yehud. Jerusalén, que había sido completamente destruida, no tenía población de la que se hablara durante este tiempo.

La élite gobernante y las personas en el poder fueron inmediatamente destituidas y exiliadas a Babilonia, que era la medida habitual de los babilonios cuando se apoderaban de regiones. Querían asegurarse de que el pueblo conquistado no incitara a la rebelión. Se dejó atrás a algunas personas para que se ocuparan de las tierras y se trasladó la capital administrativa para eliminar cualquier poder, simbólico o real, del centro anterior. Y esta medida fue eficaz, ya que los judíos fueron incapaces de levantarse contra los babilonios.

Nada destacable ocurrió en Yehud a lo largo del siglo VI a. C. Sin embargo, tras la caída de los babilonios y el regreso de los exiliados, Yehud Medinata surgió como una esfera sociopolítica activa. Funcionaba con relativa autonomía, ya que se le permitía regirse por sus propias leyes, aunque estaba obligada a pagar tributo a los persas.

Capítulo 6: El período persa

Tras la caída de Babilonia en manos del Imperio aqueménida y la liberación de los judíos en 539 a. C., Yehud Medinata se estableció durante el periodo persa como provincia judía autónoma. Se convirtió en un importante centro administrativo dentro del Imperio persa y desempeñó un papel significativo en la rehabilitación de los israelitas tras su exilio forzoso.

Tras la muerte de Ciro el Grande, se produjo un periodo de agitación bajo su sucesor e hijo, Cambises. La estabilidad volvió a la región con el gobierno de Darío I, que introdujo controles administrativos más estrictos en todos los dominios en poder de los persas, incluida Yehud Medinata. Estos controles se endurecieron aún más cuando los persas perdieron Egipto temporalmente. Durante este periodo se produjeron cambios religiosos, culturales y administrativos en la vida de los judíos, que se vieron influidos por el dominio persa.

La formación de Yehud Medinata

Yehud Medinata resaltada en rosa
https://commons.wikimedia.org/wiki/File:Palestine_under_the_Persians_Smith_1915.jpg

Yehud Medinata nació tras la conquista de Babilonia por Ciro el Grande, que permitió a los israelitas regresar a su tierra. Uno de sus primeros actos tras la conquista fue encargar la reconstrucción de su tierra natal, incluido el Templo destruido, que se cree que fue restaurado alrededor del año 515 a. C.

Yehud Medinata se estableció como provincia judía que operaba bajo la atenta mirada del Imperio aqueménida. Su población rondaba las treinta mil personas y seguía siendo una región relativamente pequeña. No fue hasta mediados del siglo V a. C. cuando Jerusalén recuperó su antigua influencia política. Hasta entonces, Yehud Medinata siguió siendo un estado teocrático gobernado por sumos sacerdotes y gobernadores judíos nombrados por los persas, cuyo trabajo consistía en mantener la paz en la región y garantizar la recaudación de tributos.

El Imperio aqueménida instauró una política de tolerancia religiosa y cultural y no impuso sus propias prácticas religiosas en las tierras conquistadas. A mediados del siglo V a. C., durante el reinado de Artajerjes I, los sacerdotes Esdras y Nehemías fueron enviados a Jerusalén para actuar como sacerdotes y como gobernadores y supervisar la restauración de Jerusalén. Yehud Medinata había sufrido disturbios civiles desde el regreso de los judíos exiliados, y Nehemías expresó su pesar por el tiempo que se estaba tardando en restaurar las murallas de Jerusalén.

Los disturbios se debían a las tensiones entre los que habían regresado y los que se habían quedado durante el cautiverio en Babilonia. Las tensiones podrían haber sido causadas, al menos en parte, por la actitud de exclusivismo que los que retornaron adoptaron durante su exilio en Babilonia, ya que se habían apartado de sus captores para mantener su sentido de identidad y cultura. De vuelta a casa, este exclusivismo chocó con la gente que vivía allí, lo que provocó frecuentes conflictos. El malestar también podría haber sido causado por la redistribución de la propiedad que tuvo lugar tras el exilio, una cuestión que estaba en disputa ahora que los repatriados intentaban reclamar sus antiguas tierras. La llegada de Esdras y Nehemías pretendía resolver estos conflictos, ayudando a los retornados a reintegrarse en la sociedad judía y a volver a sus prácticas religiosas.

Durante el exilio babilónico, a principios del siglo VI a. C., Judá experimentó un pronunciado declive. La élite del país, la familia real y el sacerdocio fueron expulsados de Judá. Como consecuencia, la economía se resintió enormemente y se perdió todo el desarrollo que Judá había logrado tras la devastación de Israel. Gedalías, nativo de Judá, fue nombrado rey títere en lo que se conocía como Yehud. El centro administrativo se trasladó de Jerusalén a Mizpa debido a la destrucción de Jerusalén y para tal vez romper el poder consolidado que había existido allí. La provincia de Yehud incluía también las ciudades de Betel, Mizpa, Jericó, Bet-Zur y En-Gedi.

La llegada de los babilonios a Judá provocó un movimiento de refugiados en la región, y muchos judíos escaparon y buscaron refugio en las zonas circundantes. Cuando les llegó la noticia del nombramiento de Gedalías, la mayoría regresó a Yehud. Sin embargo, pronto se produjeron disturbios cuando Gedalías fue asesinado. La guarnición babilónica atacó, y muchos de los habitantes de Yehud buscaron refugio en Egipto.

Es difícil establecer el número exacto de personas que se quedaron en Yehud, las que fueron deportadas a la fuerza a Babilonia y las que escaparon a Egipto y otras regiones cercanas. En el Libro de Jeremías se afirma que unas 4.600 personas fueron obligadas a exiliarse en Babilonia. A estas cifras se añade la anterior deportación de entre ocho mil y diez mil personas por parte de Nabucodonosor a principios del siglo VI, mencionando la completa destrucción y alteración del ambiente social de Judá.

Durante la época persa, entre los años 538 y 400 a. C., la religión unificada que había comenzado a desarrollarse durante el cautiverio babilónico empezó a practicarse en Yehud Medinata. Esto ocurrió en gran medida porque los persas concedieron a los judíos independencia religiosa, social y política. Esta época también marcó el comienzo del canon bíblico. El periodo persa tuvo un profundo impacto en la vida, la religión, la cultura e incluso la lengua de Judá, y las políticas persas cambiaron la forma en que los judíos estructuraban su vida social, política y económicamente. El hebreo, que había sido la lengua de la administración y la lengua de uso cotidiano, fue sustituido poco a poco por el arameo, la lengua administrativa de los persas, aunque el hebreo siguió utilizándose en contextos religiosos y sociales.

La Organización de Yehud Medinata

Yehud Medinata se desarrolló en gran medida bajo la influencia persa. Por lo tanto, muchas políticas aqueménidas determinaron la organización administrativa, religiosa y social de la región. Por ejemplo, las reformas de Darío I dentro del imperio influyeron enormemente en la redacción, las revisiones y la organización de la Torá. Yehud Medinata estaba formada por los descendientes del reino de Judá y los retornados liberados del exilio babilónico. La región también incluía una extensa población mesopotámica, que se unió a los judíos desde su exilio mucho más temprano a Samaria.

La Administración en Yehud Medinata

Monedas de Yehud
https://commons.wikimedia.org/wiki/File:YHD_coins.jpg

En comparación con el antiguo reino de Judá, Yehud Medinata era significativamente más pequeño, tanto en términos de población como de geografía. Se extendía desde Betel, al este, hasta el río Jordán y el mar Muerto, al sur, y hacia las tierras altas de Judá y las llanuras costeras, al oeste. Tras la destrucción de Jerusalén, ya no pudo funcionar como centro administrativo, por lo que el centro se trasladó a Mizpa, que estaba situada en la tierra de Benjamín.

Benjamín había formado parte del reino de Israel antes de su destrucción y cumplía mejor la función de región administrativa que Jerusalén porque estaba más densamente poblada. Se convirtió en un centro importante, teniendo en cuenta que albergaba la nueva ciudad administrativa de Mizpa, así como el centro religioso de Betel. Mizpa mantuvo esta posición de importancia durante más de un siglo, hasta que en 445 a. C. el control administrativo volvió a Jerusalén.

No está claro qué papel administrativo desempeñó Jerusalén mientras Mizpa fue la principal ciudad administrativa, pero la destrucción de Jerusalén y su población gravemente reducida probablemente implicaron que no sirviera de mucho para gobernar, ya que carecía de administradores o cuerpos sacerdotales. Sin embargo, con su restablecimiento, volvió a convertirse en el centro administrativo. Ciro el Grande destinó una importante suma de dinero de sus propios ingresos a financiar la reconstrucción de Jerusalén. También se permitió a los judíos un gobierno independiente y se les devolvieron los tributos robados a Jerusalén por los babilonios. A cambio, los judíos tuvieron que pagar tributo a los persas. Se reconstruyeron las murallas de Jerusalén y se construyó el Segundo Templo, de unos noventa pies de altura. Desde finales del siglo V hasta principios del III a. C., Jerusalén tuvo incluso una fábrica de moneda local, que acuñaba monedas de plata.

Incluso con la reconstrucción de la ciudad, Jerusalén no alcanzó un gran tamaño. Tenía entre 500 y 1.500 habitantes, una sombra de la población de la que había gozado antes de la invasión. Sin embargo, Jerusalén, a pesar de su tamaño, era la única ciudad verdaderamente urbana de Yehud Medinata, ya que gran parte del resto de la región seguía viviendo en pequeñas aldeas sin murallas. La población de toda la región de Yehud Medinata nunca superó los treinta mil habitantes. Y aunque los relatos bíblicos narran migraciones masivas de judíos desde Babilonia, hay pocas pruebas arqueológicas que lo corroboren.

Gobierno de Yehud Medinata

Bajo el dominio persa, los gobernadores de Yehud Medinata fueron nombrados entre los judíos, siguiendo la tradición persa de preservar las culturas de las tierras conquistadas. Ciro el Grande nombró a Sheshbazzar gobernador de Yehud en 538 a. C. Sheshbazzar descendía del linaje de David. Esta línea de gobernación continuó con su sucesor y sobrino, Zorobabel, aunque es posible que Sheshbazzar y Zorobabel fueran la misma persona. Se cree que la línea davídica continuó ejerciendo como gobernador hasta el año 500 a. C. Los persas implantaron prácticas similares en otras partes del imperio, como Fenicia, y aunque puede que no representara una restauración de la línea davídica, sirvió para mantener cierta paz en una región que aborrecía el dominio extranjero.

Yehud Medinata también fue mantenida por el sumo sacerdote y los profetas, emulando la práctica de Judá antes de la invasión babilónica. Esta sucesión se recoge en la Biblia hebrea en las Crónicas de Esdras y Nehemías. Sin embargo, la línea de la sucesión davídica, así como el profetismo, terminaron hacia el 500 a. C., dejando sólo al sumo sacerdote a cargo del gobierno. Esto llevó a que Yehud Medinata se estableciera como una teocracia gobernada por una sucesión de sumos sacerdotes.

El gobernador de Yehud tenía la doble función de aplicar tanto la política israelita como la persa, sin cometer injusticias con ninguna de las dos. Las costumbres judías incluían notablemente sus prácticas religiosas, en las que se basaban muchos asuntos políticos, como el nombramiento y los deberes del sumo sacerdote. La política persa se centraba en gran medida en la recaudación de tributos de los súbditos judíos. De este modo, los habitantes de Yehud Medinata se las arreglaban solos. Mientras que bajo el Imperio persa un gobernador solía estar asistido por un equipo de funcionarios y escribas, no se ha encontrado ninguna asamblea de este tipo en Yehud Medinata, lo que quizá marque otra forma en la que a los judíos se les permitía vivir de forma independiente bajo el dominio persa. Lo que sí se puede afirmar con seguridad es que la mayoría, si no todos, de los gobernadores de Yehud Medinata, eran judíos. Artajerjes I también eliminó la obligación de pagar tributo a los que trabajaban en el Templo, una medida que le granjeó un gran respeto entre los judíos.

Evolución de la religión

Durante los siglos X y VII a. C., la religión de Judá aún no había evolucionado hacia un sistema de creencias monoteísta y, por tanto, funcionaba en gran medida como una religión henoteísta. Aunque giraba en torno al culto a Yahvé, no excluía el culto a otras deidades. Esto siguió siendo un punto de discordia dentro de los reinos de Israel y Judá, ya que el culto henoteísta iba en contra de los Diez Mandamientos y supuestamente condujo a la perdición de los israelitas, que cayeron en manos de los asirios.

El monoteísmo había empezado a surgir como una forma de rebelión contra el dominio asirio antes de que la religión se convirtiera más plenamente como monoteísta durante el exilio babilónico. Los asirios proclamaron que su rey era el "Señor de los Cuatro Cuartos", refiriéndose los cuatro cuartos a las cuatro esquinas del mundo, un título que más tarde fue tomado por Ciro el Grande. Este título parecía desafiar el concepto de Yahvé para los judíos, que adoptaron la adoración de un solo Dios como una rebelión. Tras el exilio babilónico, Yahvé emergió más claramente como el Dios de Judá, y los otros dioses menores que antes habían sido adorados como hijos de Yahvé fueron relegados a posiciones de ángeles o demonios. Esta evolución religiosa comenzó durante el periodo babilónico, pero continuó desarrollándose durante los periodos persa y helenístico.

El Imperio persa albergaba una mezcla de religiones, costumbres, culturas y tradiciones, debido a las diferentes tierras, regiones e incluso imperios que fueron conquistados por los aqueménidas. Los aqueménidas practicaban el zoroastrismo, y se pueden apreciar influencias innegables en la evolución del judaísmo y las creencias y prácticas religiosas del zoroastrismo.

El exilio babilónico y la posterior reintegración de los judíos en Yehud Medinata desempeñaron un papel vital en el desarrollo de la ideología judía, que se vio especialmente influida por la reconstrucción de Jerusalén y la línea davídica de gobernantes que le siguió en los primeros años de dominio persa. Durante su exilio, se formó un principio central en la vida judía: la idea de exclusividad, que significaba que los judíos utilizaban su cultura y sus prácticas religiosas para diferenciarse de los babilonios.

Cuando los judíos regresaron a su patria (Yehud Medinata), difundieron la creencia de que estaban apartados de los demás. Aunque consta que tanto Esdras como Nehemías expresaron su desdén ante la incipiente práctica de que los adoradores de Yahvé se casaran con no creyentes, mantuvieron relaciones cordiales con sus vecinos. La religión monoteísta estaba abierta a las doce tribus y a cualquier extranjero que deseara convertirse, pero el título de judío estaba reservado a las tribus de Judá y Benjamín y a la tribu santa de Leví. Aunque la religión estaba abierta a cualquiera, no concedía a todos la misma posición dentro de la jerarquía religiosa.

Aunque muchas pruebas sugieren que la religión yehudí evolucionó hacia una forma de culto mayoritariamente monoteísta durante el periodo de dominación persa, algunos relatos indican que al menos algunos judíos siguieron siendo politeístas. Esta práctica podría haber surgido de una serie de factores sociopolíticos, como el exilio y la huida de muchos judíos para escapar de los asirios y, más tarde, de los babilonios. Algunos papiros de Elefantina indican que una pequeña comunidad de judíos, que no regresó de Elefantina a Yehud tras la liberación de los judíos, creía en Yahvé y le rendía culto, al mismo tiempo que ofrecía alabanzas a la diosa egipcia Anat. Incluso construyeron un templo para adorarla mejor. Tras el fin de la dominación persa en Egipto, el templo judío de Elefantina fue abandonado.

Hay muchas pruebas que sugieren que la Torá sufrió numerosas alteraciones en cuanto a su escritura y su cronología durante el periodo persa. Algunos eruditos creen que fue en este periodo cuando se determinó la forma final de la Torá, aunque otros opinan que su composición continuó hasta el periodo helenístico. Los cambios que se introdujeron en la Torá durante esta época incluyen la revisión de la historia, que abarca desde el antiguo Israel hasta el reino de Judá. Los libros proféticos más antiguos, que habían formado parte de la Torá hasta entonces, fueron eliminados.

Idioma en Yehud Medinata

Tras la liberación de los judíos de la dominación babilónica, la Torá sufrió una importante transformación con respecto a los escritos anteriores. Se revisaron las obras más antiguas, así como las interpretaciones que las acompañaban. También se incluyeron pasajes y libros que no formaban parte de la versión anterior. Las referencias constantes a la Biblia hebrea en esta versión de la Torá sugieren que los judíos empezaron a desarrollar un mayor sentido de sus escrituras y escritos sagrados y produjeron la obra como una autoridad religiosa en el desarrollo de un sistema de creencias monoteísta.

El desarrollo y la evolución de la religión judía escrita se produjeron paralelamente a la transición de la lengua escrita y administrativa. Esta influencia era de esperar, ya que los persas realizaban sus gestiones administrativas y diplomáticas en arameo, como forma de unificar las distintas regiones bajo una misma bandera. Habiendo introducido el arameo en Yehud Medinata, se hizo vital traducir la Torá, aunque el libro en sí permaneció en hebreo en esta época, al arameo, para hacerlo accesibles a los judíos y a otros pueblos, aunque ciertas secciones, como los libros de Daniel y Esdras, se escribieron originalmente en arameo.

El cambio lingüístico fue tan drástico que del periodo persa se conservan muy pocos materiales escritos en hebreo, por no decir ninguno. La mayoría de los materiales epigráficos que se han recuperado estaban grabados en arameo, lo que sugiere la amplia prevalencia de esta lengua en Yehud Medinata. El arameo siguió utilizándose en la región mucho después del final del periodo persa, aunque el hebreo se recuperaría mucho más tarde.

El Imperio persa desempeñó un papel importante, aunque a veces fue indirecto, en el desarrollo de la cultura, la religión y la lengua. Las actividades políticas persas en otras partes del imperio también influyeron en los judíos de forma notable. Su práctica religiosa se vio influida por muchos factores y adoptó rasgos del culto persa, evolucionando hacia la forma de judaísmo que conocemos actualmente.

El uso administrativo del arameo por parte de los persas obligó a utilizarlo en Yehud Medinata, lo que cambió la lengua del pueblo judío durante siglos. Con el paso del tiempo, creció la tensión entre los persas y los judíos. Estas tensiones fueron causadas principalmente por el complot urdido por Amán, un gobernador del rey aqueménida Jerjes I, para asesinar a los judíos del Imperio persa. Cuando Alejandro Magno derrotó a los aqueménidas y tomó para sí el Imperio persa, estas tensiones terminaron, aunque pronto surgirían nuevos problemas.

Capítulo 7: El periodo helenístico (330-50 a. C.)

El Imperio aqueménida duró poco más de dos siglos, y en ese tiempo adquirió e influyó en muchas regiones del antiguo Próximo Oriente. La derrota de Babilonia al principio del imperio permitió a Ciro el Grande liberar a los judíos que se encontraban allí en el exilio impuesto. Les ofreció la oportunidad de volver a su tierra, aunque bajo la influencia del Imperio persa. Durante este tiempo, la lengua, la religión y la cultura persas tuvieron un profundo impacto en la vida de Judá.

El fin del Imperio persa llegó de la mano de Alejandro Magno de Macedonia, que se enfrentó tres veces al último rey aqueménida, Darío III, antes de obtener una victoria segura sobre él. El dominio de Alejandro sobre el Imperio persa también sometió a Yehud Medinata bajo su reinado en 334 a. C. Con la entrada de la influencia griega en la región, comenzó el periodo helenístico, que dio lugar a una mayor evolución del pensamiento y la práctica judíos.

La llegada del periodo helenístico

La época helenística en lo que había sido la provincia de Yehud Medinata constó de cuatro fases distintas. Comenzó con la conquista del Imperio persa y, por extensión, de la actual Palestina por Alejandro Magno. Tras su muerte, los ptolomeos tomaron el poder a principios del siglo III a. C. como una extensión del dominio ptolemaico en Egipto. A finales del siglo III a. C., el dominio seléucida de Mesopotamia se extendió a la región hasta finales del siglo II a. C.

Desde entonces y hasta mediados del siglo I a. C., los asmoneos reinaron en Judá, que pasó a denominarse Judea en el periodo helenístico.

Durante el periodo helenístico, Judea fue la tierra central entre el Imperio seléucida en el oeste y el Imperio ptolemaico en el este. Como consecuencia, a menudo se vio envuelta en los conflictos de los imperios vecinos, lo que provocó que diversos gobernantes entraran y salieran de la región. Sin embargo, de acuerdo con la tradición persa, Alejandro Magno no impuso el dominio extranjero sobre los judíos. En su lugar, Judea fue gobernada por los cargos hereditarios de los sumos sacerdotes, lo que estaba en consonancia con la teocracia establecida en la región. No obstante, Judea también actuó como vasallo helenístico durante esta época.

Es comprensible que la llegada de un nuevo pueblo trajera nuevas ideas e influencias a la vida de los judíos, afectando a su religión y costumbres. Las influencias helenísticas surgieron primero en Alejandría, Egipto, y afectaron a los judíos egipcios antes de extenderse a Judea. Lo más significativo es que esta mezcla cultural condujo a la traducción de las escrituras sagradas hebrea y aramea al griego, haciéndolas accesibles a los recién llegados y a los judíos alejandrinos, que no sabían leer ni hebreo ni arameo.

Durante el dominio ptolemaico en Judea, que duró entre 301 y 198 a. C., hubo una paz relativa en la región. Surgió una élite judía basada en la implicación del pueblo con el Imperio ptolemaico. Trabajaban en la administración y en el ejército. Esta élite vivía bajo la influencia helenística, por lo que muchas prácticas judías se mezclaron con las tradiciones helenísticas. Este período continuó hasta las guerras de Antíoco III, gobernante del Imperio seléucida, cuyos esfuerzos llevaron a que Jerusalén cayera bajo su dominio en 198 a. C. La helenización comenzó durante su reinado, aunque fue moderada y menos impuesta que la de su sucesor.

Antíoco IV, su sucesor, no defendió los valores de la libertad religiosa como lo habían hecho Alejandro Magno y los ptolomeos. Saqueó el Templo en respuesta a los disturbios que se produjeron en Jerusalén durante su campaña en Egipto, lo que le hizo desviar su atención hacia los judíos. Su respuesta fue prohibir los ritos y tradiciones judíos, impidiendo, de hecho, la práctica abierta del culto religioso judío. La resistencia judía a la helenización seléucida provocó más disturbios y enfrentamientos entre los judíos y los seléucidas, que culminaron en la Revuelta Macabea entre los años 174 y 135 a. C., que puso fin a la dominación seléucida. Esto condujo al fin del dominio seléucida sobre Judea, una victoria marcada por la celebración de Hannukah en la actualidad.

Esta rebelión en tierras de Judea, además de poner fin al dominio extranjero sobre los judíos, también condujo a la formación de un reino judío independiente, que fue encabezado por la dinastía asmonea. Esta dinastía surgió en 140 a. C. y duró hasta 37 a. C. Hacia el final de la dinastía, se vio invadida por guerras civiles, que quizá se vieron influidas por las guerras civiles que se estaban produciendo en Roma en la misma época. Aunque el reino asmoneo surgió de una rebelión contra la helenización de Judea, la dinastía se hizo cada vez más helenista. Herodes puso fin a la dinastía asmonea, lo que dio lugar al inicio de la dinastía herodiana, en la que la región pasó a ser vasalla de Roma.

La influencia de Alejandro Magno en Judea

Alejandro Magno
British Museum, CC BY-SA 3.0 <https://creativecommons.org/licenses/by-sa/3.0>, via Wikimedia Commons; https://commons.wikimedia.org/wiki/File:Alexander_the_Great-British_Museum.jpg

La invasión del Imperio persa por Alejandro Magno en 334 a. C. y su posterior conquista en 331 a. C. tuvieron profundas repercusiones en la composición cultural, étnica, lingüística y religiosa de la región. Introdujo las tradiciones griegas en la vida persa y en las diversas regiones que habían sido absorbidas por el Imperio persa. Aunque ninguna prueba indica que la expedición de Alejandro le llevara a través de Yehud Medinata, su llegada tuvo una gran influencia en la vida y la religión judías.

Alrededor del año 332 a. C., Alejandro Magno marchó a Egipto, donde estableció Alejandría y visitó el Oráculo de Amón. Fue recibido por el sacerdote local como un dios, lo que demuestra la aceptación de su gobierno por parte de los egipcios. Aunque Alejandro marchó a través de Palestina para llegar a Egipto, las pruebas no indican que tomara nunca la ruta montañosa que atravesaba Yehud Medinata para llegar allí. Por lo tanto, no hay pruebas de que Alejandro se reuniera con los judíos o tuviera alguna interacción directa con ellos en Yehud Medinata.

A pesar de ello, Alejandro tuvo un gran impacto en la vida judía. Lo más notable es que decidió dejar Yehud Medinata como estaba, en lugar de imponer un nuevo gobernante a su pueblo, lo que muy probablemente habría provocado rebeliones y disturbios en una región con una historia de exilio forzoso, esclavitud y aversión al dominio extranjero. Alejandro permitió que los judíos siguieran como estaban, simplemente sustituyendo a los funcionarios y administradores persas de la región por los suyos. Esta medida podría haberle conseguido un gran respeto entre los judíos, aunque hay pocas pruebas de que le tuvieran especial afecto mientras estuvo bajo su dominio. Tras su muerte en el 323 a. C., sus victorias y logros empezaron a considerarse legendarios, y entonces se refirieron a él como "el Grande". En ese momento, los judíos intentaron asociarse con él.

Alejandro Magno en la tradición judía

Las leyendas y fuentes judías comenzaron a elaborar relatos sobre una posible visita que Alejandro Magno podría haber realizado a diversas regiones de Yehud Medinata. Uno de los relatos más conocidos es el de la visión de Daniel, que se narra en el Libro de Daniel. En la visión, Daniel ve un carnero con dos cuernos, que simboliza a los reyes de Media y Persia, y una cabra que viene del oeste, que representa a Alejandro Magno. El macho cabrío derrota al carnero, indicando la victoria de los griegos sobre el Imperio persa.

A partir de esta historia surgieron otras, como la que narra la llegada de Alejandro Magno a Jerusalén. En esta historia, es recibido por el sumo sacerdote de Yehud Medinata, que ofrece su lealtad y sumisión a Alejandro. A cambio, entró en el Templo y ofreció un sacrificio, según la tradición judía.

Este relato incorpora a Alejandro Magno a la tradición judía como seguidor de la fe. No sólo su visita a Jerusalén le habría obligado a desviarse de su camino a Egipto, sino que la historia también narra que se inclinó ante el sumo sacerdote al verlo en reconocimiento de la grandeza de Yahvé. Sin embargo, no se han encontrado otros relatos de un viaje o suceso semejante fuera de la tradición judía.

Alejandro Magno en Samaria

Mientras que los judíos de Yehud Medinata parecían haber acogido a Alejandro con reverencia, no ocurría lo mismo en Samaria. En un principio, Alejandro contó con el apoyo del gobernador samaritano, Sanbalat III, y obtuvo permiso para construir un templo en el monte Gerizim. Sin embargo, la muerte de Sanbalat III provocó rebeliones en Samaria contra Alejandro, que desembocaron en disturbios y en la ejecución del nuevo gobernador.

Alejandro Magno tomó represalias y dirigió un ejército contra los samaritanos. Destruyó la ciudad y desterró a sus ciudadanos. Los samaritanos se exiliaron a la fuente del monte Gerizim, donde se dividieron en dos facciones. Una parte siguió viviendo al pie del monte sagrado, la ciudad de Samaria, que se convirtió en una ciudad griega tras su destierro.

El legado de Alejandro Magno

Tras la muerte de Alejandro Magno en el año 323 a. C., su vasto imperio no pudo mantener la paz. Su antiguo imperio se vio sumido en guerras civiles durante las dos décadas siguientes y, cuando por fin cesaron las guerras, el otrora gran imperio de Alejandro Magno quedó dividido en distintas secciones, las más notables de las cuales pertenecían a sus generales Seleuco y Ptolomeo.

El reino seléucida comprendía la mayor parte de Asia Menor, Mesopotamia y Siria. El reino ptolemaico tenía su sede en Egipto. Durante el siglo III a. C., Judea, situada entre los dos imperios, permaneció bajo el dominio ptolemaico hasta la incursión de los seléucidas, momento en el que pasó a manos del Imperio seléucida durante aproximadamente un siglo.

Aunque otros generales salieron victoriosos de las guerras civiles desencadenadas por la muerte de Alejandro Magno, el mayor reto era legitimar su sucesión al trono a ojos de la población local. La región de Oriente Próximo, incluida Judea y la mayor parte del antiguo Imperio persa, había estado gobernada por una monarquía, en la que el trono pasaba de padre a hijo o a otro pariente varón. No se trataba de una ley dinástica que pudieran seguir los sucesores de Alejandro, ya que ninguno de sus generales estaba emparentado con él.

Una de las formas en que los generales intentaron establecer la legitimidad de su gobierno fue fundando nuevas ciudades griegas y dándoles su nombre, de forma similar a lo que Alejandro había hecho en las tierras conquistadas, como Alejandría. Estas ciudades presumían de cultura, religión y arte griegos, así como de casas consistoriales y templos de estilo griego. De este modo, la cultura griega se extendió entre las poblaciones locales, que apreciaron la aclimatación al modo de vida griego y lo absorbieron en el suyo propio, dando lugar así a un periodo de helenización. La helenización fue una herramienta magnífica que los gobernantes griegos utilizaron para obtener la lealtad de los lugareños.

Dominio ptolemaico sobre Judea

Aunque los griegos conservaron extensos registros escritos de su historia, apenas se menciona la región de Judea. Política, geográfica y socialmente, esta región tenía poca importancia para los griegos. No proporcionaba ninguna ruta comercial importante, y la entrada en Egipto era posible a través de las llanuras costeras de Palestina, por lo que los griegos no necesitaban atravesar los caminos montañosos de Judea. Como los judíos también tenían poca participación política, no desempeñaron un papel significativo en la historia griega.

Sin embargo, la llegada de los griegos tuvo un gran impacto en los judíos. Esto se puede observar sobre todo en el sistema de acuñación de monedas, que cambió para reflejar el nuevo dominio sobre la región. El peso de las monedas también se modificó para reflejar el sistema griego de pesos atómicos. Sin embargo, dentro de Judea se produjeron pocos cambios políticos.

Mientras que otras regiones circundantes como Samaria y Asdod se convirtieron en hiparquías (unidades administrativas) bajo el Imperio ptolemaico, con los hiparcas (que gestionaban la administración y el gobierno de la región) directamente instituidos por el gobernante ptolemaico, Judea se mantuvo relativamente independiente. Respondía ante el imperio, pero se le permitía funcionar como una unidad administrativa separada gobernada por los sumos sacerdotes. Esta relativa independencia mantuvo la paz, y la vida no cambió significativamente para los judíos.

El Imperio seléucida

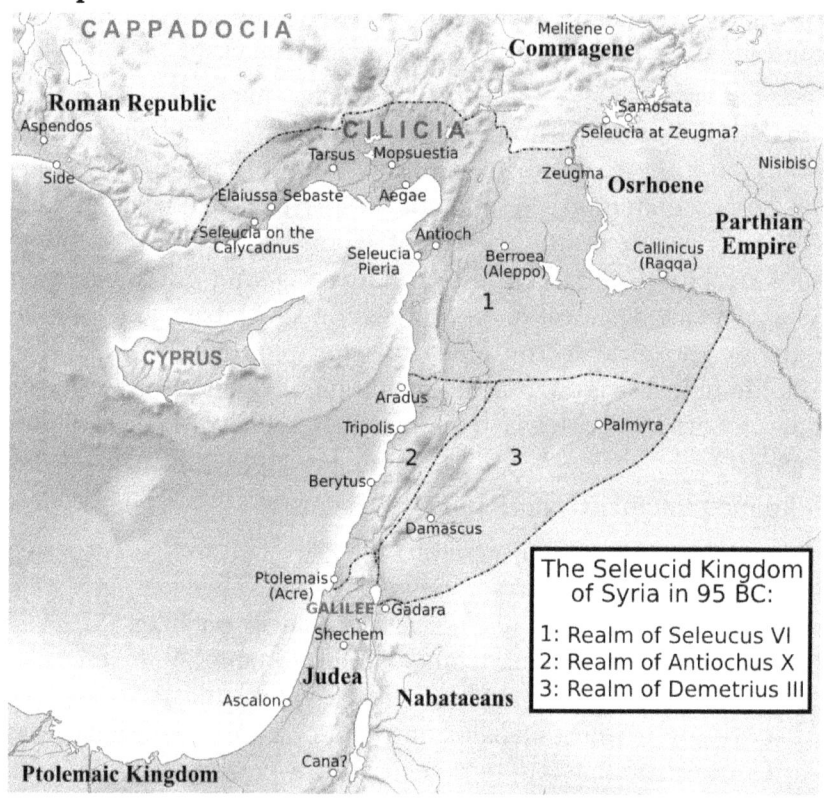

Siria en el Imperio seléucida
Constantine Plakidas, CC BY-SA 4.0 <https://creativecommons.org/licenses/by-sa/4.0 >, via Wikimedia Commons;
https://commons.wikimedia.org/wiki/File:Syria_under_the_Seleucids_95_BC.svg

Seleuco, que era un oficial superior del ejército de Alejandro, estableció su imperio en Mesopotamia. Seleuco no se conformó con gobernar una pequeña parte del vasto Imperio macedonio y emprendió una despiadada estrategia expansionista, añadiendo Anatolia, Persia y el Levante a su territorio. Finalmente, Judea cayó bajo el dominio seléucida un par de años después de que Antíoco III ganara la batalla de Panium en 200 a. C.

Bajo Antíoco III comenzó la helenización, que supuso la conversión forzosa a la religión griega y la práctica de la cultura griega entre las comunidades locales. Dado que abrazar la cultura griega reportaba beneficios económicos, muchos judíos aceptaron el helenismo. Sin embargo, hubo muchos que no lo hicieron, y las tensiones aumentaron.

El sucesor de Antíoco III, Antíoco IV, aplicó una política mucho más estricta, intentando convertir a toda la población judía a la religión griega. Construyó un gimnasio griego fuera del Templo judío. No sólo exigía que lo visitaran quienes pudieran permitírselo, sino también que se quitaran toda la ropa antes de hacerlo, un acto que iba en contra de la ley judía. Tras una breve rebelión, se prohibieron prácticas judías como el Sabbat y la circuncisión, y se hizo obligatorio el culto a los dioses griegos. Negarse a hacerlo se castigaba con la muerte.

Los macabeos, un grupo rebelde, se sublevaron bajo el liderazgo de Matatías, un sacerdote, en 167 a. C. Comenzó una guerrilla en la que los judíos destruyeron templos griegos. Se enfrentaron al ejército seléucida y, aunque les superaban en número, les derrotaron y recuperaron Jerusalén. El pueblo judío puso fin al dominio seléucida e instauró un gobierno autónomo.

Impacto helenístico sobre la dinastía asmonea

La dinastía asmonea surgió como consecuencia directa de la influencia helenística experimentada en Judea. Incluso durante el reinado de Alejandro Magno y el de Ptolomeo, los judíos habían vivido en relativa armonía, sin ser molestados por los cambios de mando de las potencias gobernantes. La región tenía poco que ofrecer en forma de beneficios económicos o amenazas políticas.

Este escenario político cambió drásticamente con el Imperio seléucida. Si el Imperio seléucida hubiera mantenido las políticas de los gobernantes anteriores y hubiera permitido que el pueblo judío tuviera una relativa autonomía en el gobierno y la religión, es poco probable que hubieran hecho contribuciones significativas al clima político de Oriente Próximo. Sin embargo, las políticas expansionistas de Antíoco III y Antíoco IV crearon muchas fricciones, incluso antes de que se impusieran leyes escandalosas y discriminatorias al pueblo judío.

La gota que colmó el vaso fue la imposición de la religión griega a los judíos. Los macabeos se levantaron contra los seléucidas y restablecieron la autonomía judía con la dinastía asmonea, que se mantuvo independiente durante más de un siglo. Sin embargo, las influencias helenísticas no pudieron eliminarse por completo de Judea. Continuó impregnando la vida judía como remanente de la forma de vida en Judea bajo el dominio seléucida. Esto incluyó cambios en la organización del estado y las leyes de la tierra. Incluso influyó en la forma de crear y consumir arte.

Impacto helenístico en la dinastía herodiana

A la dinastía asmonea siguió la herodiana, que comenzó con Herodes, el rey romano-judío de Judea. Herodes el Grande heredó un modelo helenístico de realeza e intentó establecer un sentido de continuidad adoptando prácticas asmoneas, como la acuñación de moneda con símbolos y diseños arquitectónicos asmoneos. La naturaleza helenizada preexistente de la cultura, la política y la estructura social de Judea influyó en el planteamiento de Herodes a la hora de gobernar. Al utilizar el mismo sistema que antes, ayudó a establecer la legitimidad de su gobierno. Sin embargo, tras su muerte, su reino se dividió en una tetrarquía, gobernada por sus tres hijos. Este gobierno resultó tan ineficaz que los romanos se vieron obligados a intervenir en Judea.

Capítulo 8: La dinastía asmonea (140-37 a. C.)

En el año 331 a. C., el Imperio aqueménida cayó en manos de Alejandro Magno y se inició el periodo del Imperio macedonio, que dio lugar a la helenización de las tierras que antes habían estado bajo el dominio del Imperio persa. La toma del poder por los griegos no cambió significativamente la vida en Yehud Medinata, ya que los funcionarios persas fueron simplemente sustituidos por administradores griegos. La muerte de Alejandro Magno en el año 323 a. C. trajo consigo divisiones y conflictos, ya que su reino se encontraba en disputa sin heredero legal que lo reclamara.

Como tal, sus generales se separaron del Imperio macedonio unido para formar su propio gobierno sobre las tierras, y Yehud Medinata quedó decididamente en el punto de mira de los imperios seléucida y ptolemaico. Atrapados en una lucha de poder entre los dos imperios, los judíos fueron gobernados primero por los ptolomeos, que les dieron una relativa autonomía, y luego por los seléucidas. El gobierno seléucida eliminó la autonomía judía y ejerció una mayor influencia helenística en la región. También dio lugar a la revuelta macabea y a la dinastía asmonea.

El auge de la helenización judía

El proceso de helenización que se inició con la llegada de los seléucidas creó importantes conflictos internos en el seno de la comunidad judía. Algunos judíos permanecieron leales al dominio ptolemaico y no deseaban abandonar tan fácilmente sus valores tradicionales. Otros, sobre todo los que aceptaron con más entusiasmo el proceso de helenización y empezaron a amoldarse a la cultura griega, se convirtieron en pro-seleucidas.

Este conflicto entre los judíos llevó incluso a una breve guerra civil en 175 a. C., que enfrentó al sumo sacerdote Onías III con su hermano Jasón, favoreciendo este último a los seléucidas y la helenización. El sumo sacerdote no lo hizo. Tras un periodo de conflictos, sobornos y acusaciones de asesinato, Jasón fue nombrado sumo sacerdote y se inició un proceso de helenización más generalizado. Onías III fue asesinado por un funcionario llamado Heliodoro, alentado por Jasón.

El acceso de Jasón al cargo de sumo sacerdote podría haber sido el determinante final de la helenización judía. Bajo su mandato, Jerusalén se asemejó más a una ciudad griega, con un gimnasio al que acudían los judíos para socializar desnudos tras someterse a una restauración no quirúrgica del prepucio. Así se evitaba el estigma de la circuncisión, una práctica que los griegos consideraban bárbara e inaceptable.

Revueltas en Judea

La helenización de los judíos no fue la única razón del levantamiento judío contra el dominio seléucida. El éxito de Jasón al establecerse como sumo sacerdote y al promover el proceso de helenización, así como la entusiasta aceptación de esta nueva cultura por parte de muchos judíos, demuestra que la aversión hacia los griegos y su cultura no fue el factor principal.

La política excesiva y, en ocasiones, bárbara, de Antíoco IV hacia Jerusalén contribuyó a provocar una rebelión. Los romanos habían pedido a Antíoco que se retirara de Egipto en 168 a. C., en medio de una exitosa campaña en la región. En su ausencia, los rumores de su muerte se extendieron entre los judíos. Menelao, el hermano menor de Jasón, ejercía de sumo sacerdote tras desautorizar a Jasón ante Antíoco y convencerle de que derrocara a Jasón. Jasón tomó la noticia de la presunta muerte de Antíoco como una señal y atacó Jerusalén, llevando a Menelao a refugiarse en una fortaleza seléucida.

Antíoco regresó a Judea al enterarse de esta noticia. Expulsó a Jasón y procedió a imponer políticas excesivas a los judíos, presumiblemente para prevenir cualquier otra acción como lo que Jasón había hecho. Se exigió a los judíos el pago de elevados impuestos y se les privó casi por completo del derecho a practicar su religión. Antíoco intentó suprimir todas las prácticas y costumbres judías. Incluso profanó el Monte del Templo al establecer allí un ídolo de Zeus. La celebración de las costumbres judías, como los sacrificios, la circuncisión e incluso el Sabbath, se castigaba con la muerte. Estas acciones parecieron ser la gota que colmó el vaso para los judíos, especialmente para aquellos que ya se oponían a la helenización.

La revuelta macabea

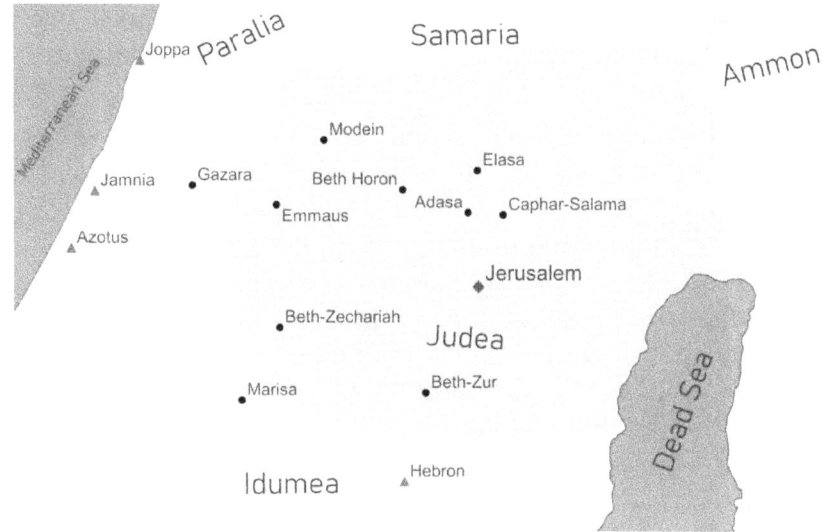

Región de la Revuelta de los macabeos

SnowFire, CC BY 4.0 <https://creativecommons.org/licenses/by/4.0>, via Wikimedia Commons;https://commons.wikimedia.org/wiki/File:Judea-Maccabees-Battles.png

La Revuelta Macabea fue liderada por Matatías, que formaba parte de una familia sacerdotal que llegó a ser conocida como los rebeldes judíos, los macabeos, en el año 167 a. C. El nombre de Macabeo era un título de honor dado originalmente a un hijo de Matatías, Judas, en reconocimiento al papel que desempeñó en la revuelta, y el título se extendió con el tiempo para incluir a toda su familia. Matatías animó al pueblo judío a reunirse para una guerra santa contra los gobernantes extranjeros y comenzó a reunir hombres para una campaña militar, que fue dirigida por los hijos de Matatías, Judas, Simón y Jonatán.

Este intento inicial de levantamiento fue en gran medida infructuoso y costó caro a los judíos, principalmente porque éstos se negaban a luchar o a participar en cualquier tipo de violencia en Sabbath. No fue hasta que mil hombres, mujeres y niños judíos fueron asesinados a manos de los seléucidas que algunos judíos razonaron que sería aceptable contraatacar. Siete años de guerra se sucedieron, y las técnicas de guerra de Judas resultaron exitosas para asegurar una victoria contra los seléucidas.

Los judíos disponían de pocas armas; en sus ataques utilizaban principalmente aperos de labranza modificados. La táctica inicial de Judas consistía en moverse lentamente y utilizar un enfoque de ataque y huida, tendiendo emboscadas a las pequeñas bandas de fuerzas seléucidas. Mientras tanto, aumentó lentamente el número de sus efectivos y añadió al arsenal judío lo que había conseguido atacando a las fuerzas seléucidas.

Los investigadores no se ponen de acuerdo sobre las causas inmediatas del ascenso de los macabeos. Puede que fuera una combinación de factores, entre ellos la oposición de los judíos tradicionales contra los reformistas, que habían aceptado una cultura y una religión diferentes y abandonado sus raíces. El Primer Libro de los Macabeos cita la Revuelta Macabea como un levantamiento de los judíos contra el bárbaro rey seléucida que había intentado erradicar su religión y, por tanto, su identidad. El Segundo Libro de los Macabeos califica la revuelta de conflicto entre el judaísmo y la helenización, es decir, entre los que aún practicaban los valores judíos tradicionales y los que los habían abandonado.

Dado que no hay un motivo claro detrás de las acciones de Antíoco IV para prohibir la fe judía, algunos historiadores sostienen que podría haber sido su intento de poner fin al conflicto entre los judíos tradicionales y los helenizados. El creciente malestar entre judíos tradicionales y helenizados podría haber empujado a Antíoco a instaurar medidas extremas para mantener la paz en la región, ya que la práctica de prohibir las religiones locales era rara y contraria a la tradición seléucida. Finalmente, tanto la helenización como las acciones del rey empujaron a los judíos tradicionales a tomar partido para recuperar su religión y sus costumbres.

La batalla de Beth Horón

Los sirios marcharon con dos mil hombres en 167 a. C., y los hombres de Judas acecharon a lo largo de un estrecho paso cerca de Nahal el-Haramiah. Sin estar preparados para la emboscada, el ejército sirio fue completamente destruido, y Serón, un general del ejército de Antíoco, dirigió la carga contra los judíos. Su victoria sobre la banda siria dio a los judíos una inyección de moral y armas muy necesaria.

Con la esperanza de evitar la detección y las emboscadas, los seléucidas tomaron una ruta alternativa hacia Jerusalén en el 166 a. C., que pasaba por amplias llanuras costeras y por el paso de Bet Horón. Sin embargo, los vigías judíos vieron acercarse al ejército seléucida y prepararon una fuerza de mil hombres para enfrentarse a estos. Una vez más, el ejército que avanzaba se vio obligado a entrar en un estrecho paso, que Serón abordó con más cautela que el ejército sirio. Hizo que su ejército avanzara por el pasadizo con huecos entre las unidades individuales, lo que hacía imposible atrapar a todo el ejército en caso de emboscada.

Los judíos, liderados por Judas, dirigieron un ataque contra la vanguardia, matando inmediatamente a Serón, y los arqueros lanzaron simultáneamente un ataque a cada lado del ejército seléucida. Los seléucidas fueron entonces atacados por la espalda por los judíos con las espadas que habían ganado a los sirios. Los seléucidas huyeron, dejando atrás gran parte de su equipo, y fueron perseguidos hasta la llanura costera, donde murieron muchos de ellos. Tras esta victoria, el ejército judío pasó a contar con más de seis mil hombres y llegó a ser considerado una fuerza formidable por el ejército seléucida.

La muerte de Judas

Estatua de Judas Macabeo en Milán

Yair Haklai, CC BY-SA 4.0 <https://creativecommons.org/licenses/by-sa/4.0>, via Wikimedia Commons; https://commons.wikimedia.org/wiki/File:Statue_of_Judas_Maccabeus_at_exterior_of_the_Duomo_(Milan).jpg

El ejército judío derrotó a otro ejército seléucida al mando de Nicanor en la batalla de Adasa. A continuación, un ejército seléucida de casi veintidós mil hombres fue enviado a luchar contra los judíos en la batalla de Elasa. Antes del enfrentamiento, Báquides, que dirigía a los seléucidas, avanzó hacia Galilea y masacró a un gran número de judíos, marchándose hacia Judea, obligando a Judas a enfrentarse a él en batalla abierta.

Las dos fuerzas se encontraron entre las llanuras de Elasa y Berea, en un terreno abierto que favorecía a los seléucidas, ya que no se adaptaba a las tácticas de emboscada de los judíos. El ataque inicial de los judíos hizo retroceder a los seléucidas, perseguidos por los anteriores. Esto podría haber sido una maniobra intencionada para llevar a los judíos a una posición en la que pudieran verse rodeados sin posibilidad de retirada. Los seléucidas pudieron recuperar sus posiciones y atrapar al ejército de Judas. Los mataron, y los que sobrevivieron huyeron de la batalla.

La victoria de Báquides y la muerte de Judas restablecieron la autoridad seléucida sobre la región, y Báquides se dedicó a fortificar las principales ciudades. También tomó como rehenes a destacadas familias judías para asegurarse de que no se unieran a la rebelión. Judas fue sustituido por su hermano Jonatan como líder de los macabeos, aunque sus encuentros con los seléucidas no sirvieron de mucho.

Formación de la dinastía asmonea

Mientras los macabeos se rebelaban contra el Imperio seléucida, el rey Demetrio I Soter, que había sustituido a Antíoco IV casi cinco años después del inicio de la revuelta macabea, luchaba contra el rey griego de Pérgamo y los reyes de Egipto, Ptolomeo VI y Cleopatra II. Las relaciones del rey seléucida con estos gobernantes se estaban deteriorando tanto que retiraron su apoyo a Demetrio y en su lugar apoyaron a Alejandro Balas, que reclamaba el trono como supuesto hijo de Antíoco IV.

Esto puso a Demetrio en una situación difícil, que se vio obligado a llamar a sus tropas de los alrededores de Judea para reforzar sus filas. En un movimiento estratégico, ofreció a Jonatan condiciones lucrativas para ganarse su lealtad y calmar la situación para fortalecer su posición como rey. Jonatan se trasladó a Jerusalén en 153 a. C. aceptando estas condiciones. Las condiciones le permitieron seguir formando su ejército y liberar rehenes en Acre. Una vez en Jerusalén, Jonatan comenzó a fortificar la ciudad.

Alejandro Balas ofreció a Jonatan condiciones aún mejores, que incluían su nombramiento como sumo sacerdote. Aunque Demetrio trató inmediatamente de rectificar la situación, escribiendo a Jonatan una carta en la que le hacía promesas que no podía esperar cumplir, sus esfuerzos fueron en vano. Jonatan aceptó las condiciones de Balas y le declaró lealtad. Como sumo sacerdote, Jonatan ocupaba un cargo importante y, en consecuencia, también los asmoneos, lo que les protegía de los ataques de los seléucidas o de los partidarios del helenismo. Desde el año 153 a. C. hasta el 37 a. C., los asmoneos ocuparon el influyente cargo de sumo sacerdote en Judea.

La alianza entre Balas y Jonatan parecía algo más que un simple movimiento estratégico. En 150 a. C., Demetrio perdió el trono y fue asesinado por Balas, que se convirtió en rey y se casó con la hija de Ptolomeo. Dada la lealtad de Jonatan a Balas, el primero fue invitado a la ceremonia y llegó con muchos regalos, sentándose entre los reyes como un igual. Balas también ofreció a Jonatan vestimentas reales, lo nombró meridarca (gobernador) y lo envió a Jerusalén con honores, a pesar de las quejas de los helenistas judíos.

El reinado de los asmoneos

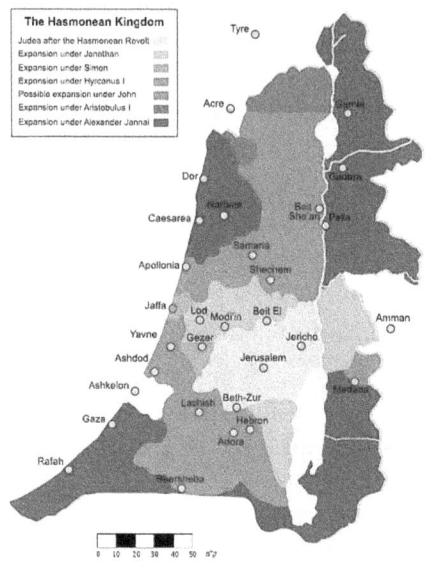

La dinastía asmonea

Effib, CC BY-SA 4.0 <https://creativecommons.org/licenses/by-sa/4.0>, via Wikimedia Commons; https://commons.wikimedia.org/wiki/File:Hasmonean_kingdom.jpg

El comienzo de la dominación asmonea está marcado por las disputas por el trono entre varios miembros del Imperio seléucida, entre los que los asmoneos cambiaban a menudo de lealtad. En 147 a. C., mientras Demetrio II reclamaba el trono de Balas, Jonatan fue desafiado a una batalla por Apolonio, el gobernador de Coele-Siria. Jonatan y su hermano Simón dirigieron una fuerza de diez mil hombres contra Apolonio y atacaron inesperadamente a la fuerza siria en Jaffa, que se vio obligada a rendirse rápidamente. Sin embargo, Apolonio no aceptó tan rápidamente la derrota. Reunió refuerzos en la ciudad de Azoto y volvió a encontrarse con el ejército de Jonatan en la llanura. Jonatan pudo capturar Azoto y quemar la ciudad, junto con su templo y las regiones circundantes.

Balas honró a Jonatan por su victoria, pero Ptolomeo VI, su yerno, marchó para hacer la guerra contra Balas. Jonatan se reunió con Ptolomeo VI en Jaffa y forjaron una alianza, manteniendo la paz con Egipto, a pesar de sus diferencias sobre quién debía sentarse en el trono seléucida. En 145 a. C., Balas fue derrotado por Ptolomeo VI, que murió en la batalla, y Demetrio II ocupó el trono seléucida.

Jonatan adoptó un enfoque único contra el nuevo rey, asediando la ciudad de Acre, símbolo del dominio seléucida sobre Judea. Cuando Demetrio II marchó al encuentro de Jonatan, éste le ofreció regalos. Se formó una alianza y los judíos quedaron exentos de impuestos. Jonatan levantó el asedio y devolvió la ciudad a los seléucidas.

Cuando surgió un nuevo pretendiente al trono, el hijo de Balas, Antíoco VI, bajo la servicial dirección de un antiguo general de Balas llamado Diodoto, Demetrio prometió retirar las fuerzas seléucidas de Acre. A cambio, nombró oficialmente a Jonatan su aliado y le pidió ayuda, que Jonatan le proporcionó en forma de tres mil hombres. Sin embargo, Demetrio no cumplió su palabra y Jonatan cambió su lealtad a Diodoto, que nombró a Simón general de Paralia.

Jonatan y Simón lograron conquistas exitosas, como Gaza, Ascalón, Hazar y Bet-Zur. Jonatan también pudo entablar relaciones amistosas con los romanos y los espartanos. Sin embargo, la nueva alianza de Jonatan con el candidato seléucida no era de fiar, ya que Diodoto no tenía planes de cumplir los términos de su alianza. Diodoto invitó a Jonatan a Escitópolis con el pretexto de una conferencia, persuadiéndole de que retirara su ejército de cuarenta mil hombres. Sin darse cuenta de la trampa, los mil hombres que le quedaban murieron en Tolemaida y

Diodoto lo hizo prisionero en 142 a. C. Le sucedió como sumo sacerdote su hermano Simón.

Simón Thassi se convierte en Sumo Sacerdote

Simón se convirtió en sumo sacerdote y príncipe de Israel, el primero en ostentar este título, tras la captura de su hermano. Su ejército bloqueó la entrada de Diodoto en Judea, y Diodoto exigió como rehenes a los dos hijos de Jonatan a cambio de la liberación de éste. A pesar de no confiar en Diodoto, Simón accedió para demostrar al pueblo que había hecho todo lo posible por salvar a su hermano. Sin embargo, Diodoto se sintió frustrado por la falta de progresos en Judea, ya que el ejército de Simón le bloqueaba el paso. Ejecutó a Jonatan y mantuvo a sus hijos como rehenes.

Tras la elección de Simón por una asamblea sacerdotal, que se narra en el Primer Libro de los Macabeos, su primera orden del día fue fortificar Jerusalén y asegurar el puerto de Jope. A continuación, Simón forjó una alianza con Demetrio II y solicitó exenciones fiscales para el país, que le fueron concedidas. Simón se considera el primer líder de la dinastía asmonea, ya que la nación se independizó del dominio seléucida bajo su dirección. La dinastía fue declarada en la misma resolución que declaraba a Simón rey de los asmoneos, adoptada en 141 a. C.

Durante su reinado, Simón gobernó en relativa paz. Su fin llegó a manos de su yerno Ptolomeo, que lo mató a él y a sus dos hijos, Judá y Matatías, en un banquete. A Simón le sucedió su hijo restante, Juan Hircano, en 135 a. C. Sin embargo, fue incapaz de vengar a su padre y a sus hermanos.

Juan Hircano

La repentina muerte del padre y los hermanos de Juan Hircano creó una precaria situación política. Antíoco VII, que sucedió a Demetrio tras la captura de éste por los partos, entró en Judea y tomó Jerusalén. El asedio se prolongó durante un año, y los intentos de Hircano de evacuar a la gente que no podía luchar fueron en vano, ya que no podían pasar a través del ejército de Antíoco. Finalmente, cuando los víveres empezaron a escasear, Hircano negoció la paz con Antíoco.

La tregua entre ambas partes exigía el pago de tributos a Antíoco, la ayuda de los judíos en la campaña seléucida contra los partos y la aceptación inequívoca del gobierno seléucida. Bajo el gobierno de Hircano, la dinastía asmonea se enfrentó a inmensas luchas, pero también a uno de los mayores periodos de su gobierno, dada la expansión de la dinastía a Idumea (Edom) y Samaria. Bajo los seléucidas, la dinastía asmonea y los judíos bajo su dominio pasaron apuros económicos, situación agravada por los elevados impuestos que les imponía Antíoco VII.

Además, Hircano perdió mucho apoyo y se convirtió en motivo de descontento y malestar entre la población. Al verse obligado a ayudar en las campañas militares de Antíoco, fue un gobernante ausente. Su asalto a la Tumba de David para pagar tributo a Antíoco y poner fin a su asedio de Jerusalén y su intento de expulsar a los civiles de Jerusalén durante el asedio no le granjearon ningún favor. No fue hasta la muerte de Antíoco en el año 129 a. C. cuando Hircano emergió como un poderoso líder.

Hircano aprovechó el malestar en el Imperio seléucida y reunió una fuerza mercenaria, declarando a Judea estado independiente. Cuando Demetrio II regresó del exilio en 130 a. C. para retomar el control de su imperio, la dinámica de poder había cambiado demasiado como para que pudiera avanzar mucho.

Tras la muerte de Antíoco VII en el año 129 a. C., se inició un periodo de agitación en el Imperio seléucida. Su muerte supuso la victoria de los partos, poniendo fin al dominio seléucida sobre ellos. En 116 a. C., Antíoco VIII y Antíoco XI, medio hermanos de Antíoco VII, estallaron en una guerra civil que condujo a una mayor desintegración del imperio.

En 113 a. C., Hircano inició extensas operaciones militares. Logró tomar Samaria tras un difícil asedio de un año, con la ayuda de Antíoco VIII.

Hircano también invadió Transjordania en 110 a. C. y sitió Medeba durante seis meses, tras lo cual se dirigió al monte Gerizim y Siquem. También pudo conquistar las ciudades edomitas de Maresha y Adora, entre otras. Con cada conquista, Hircano obligaba a la población no judía a aceptar y observar las costumbres judías, algo inédito para cualquier gobernante asmoneo. Antes de morir, pidió la separación del cargo de autoridad civil entre los cargos de rey y sumo sacerdote. Nombró a su esposa administradora civil y a su hijo, Judá Aristóbulo, sumo sacerdote. Murió en 104 a. C., dejando la dinastía asmonea a su esposa e hijo.

Alejandro Janneo

Aristóbulo accedió legítimamente al cargo de sumo sacerdote, pero no aprobaba la decisión de su padre de dividir la autoridad. Así que encarceló a su madre y a sus tres hermanos y asumió el título de rey. Durante su efímero gobierno, logró conquistar Galilea, pero murió de una enfermedad en el año 103 a. C. tras haber gobernado apenas un año. Su viuda liberó a sus hermanos de la prisión; su madre había muerto de inanición antes de la muerte de Aristóbulo. Uno de los hermanos, Alejandro Janneo, subió al trono.

El reinado de Hircano estuvo marcado por el éxito de su expansión, y Alejandro Janneo adoptó un enfoque muy similar. Sin embargo, su gobierno se considera mucho más violento y envuelto en un ciclo interminable de conflictos. Alejandro comenzó su reinado con un ataque a Ptolemaida al mismo tiempo que Zoilo, de la ciudad de Dora, intentaba tomar la ciudad. Zoilo fue derrotado por los asmoneos. La ciudad de Ptolemaida solicitó la ayuda de Ptolomeo IX antes de darse cuenta de que así declararía involuntariamente la guerra a la madre de Ptolomeo, Cleopatra III, que había desterrado a su hijo. Alejandro no deseaba verse atrapado en una guerra civil, por lo que abandonó la campaña. En su lugar, forjó en secreto una alianza con Cleopatra y luego ofreció a Ptolomeo un tributo para que pudiera continuar su campaña sin implicarse directamente.

Tras enterarse de la traición de Alejandro, Ptolomeo sitió Ptolemaida y persiguió a Alejandro, destruyendo gran parte de Galilea en el proceso. En la batalla de Asofón, los ejércitos de Alejandro fueron derrotados por Ptolomeo, que había acumulado una fuerza formidable y pasó a conquistar gran parte de las regiones gobernadas por la dinastía asmonea. No fue hasta que Cleopatra interfirió cuando Ptolomeo se retiró a Chipre. Alejandro se sometió a Cleopatra, que le permitió conservar su dominio.

Los triunfos de Alejandro no pudieron satisfacer a los judíos en su patria. La guerra civil de Judea fue provocada principalmente durante un incidente en la Fiesta de los Tabernáculos, que Alejandro presidía como sumo sacerdote. Durante la ceremonia de la libación, arrojó agua sobre sus pies en lugar de verterla sobre el altar, lo que molestó a los fariseos. Los fariseos eran un grupo que seguía estrictamente las leyes y costumbres tradicionales. La muestra de frustración de Alejandro contra los fariseos le acarreó la ira del pueblo, que empezó a insultarle y a arrojarle limones. En respuesta, mató a unos seis mil judíos y construyó barreras de madera alrededor del altar para impedir que la gente se le acercara.

Aunque Alejandro salió victorioso al principio en los conflictos civiles que comenzaron hacia el 92 a. C., empezó a tener problemas cuando los judíos solicitaron la ayuda de los seléucidas. Demetrio III le prestó ayuda y derrotó a Alejandro en Siquem, donde se vio obligado a retirarse a las montañas. Por solidaridad, unos seis mil judíos rebeldes se unieron a Alejandro y éste lanzó nuevos ataques hasta que Demetrio se vio obligado a retirarse. Alejandro pudo sofocar la rebelión y mandó ejecutar a unos ochocientos judíos después de obligarles a ver cómo ejecutaban a sus esposas e hijos.

El reinado de Alejandro continuó, ampliando el reino asmoneo a Galanitis y Galaaditis, así como a Transjordania. Murió de una enfermedad causada por una combinación de alcoholismo y malaria. Murió en el 76 a. C. y le sucedió su esposa, Alejandra. Su hijo, Hircano II, fue nombrado sumo sacerdote.

Hircano II

Alejandra fue la única reina judía de la época del Segundo Templo (la época de autonomía judía tras el final del exilio babilónico), y nombró sucesor a Hircano II, que asumió el cargo tras la muerte de su madre en el año 67 a. C. A los tres meses de su ascenso, el gobierno de Hircano II fue desafiado por su hermano, Aristóbulo II. Los dos se enfrentaron con sus ejércitos cerca de Jericó, donde muchos hombres abandonaron a Hircano para unirse a Aristóbulo, dándole la victoria. Hircano huyó a Jerusalén y se refugió en el Segundo Templo, que fue asediado por su hermano. Se llegó a una tregua. Hircano tuvo que renunciar al cargo que ostentaba, pero pudo seguir recibiendo ingresos.

Sin embargo, la tregua no podía durar. Hircano temía que su hermano lo matara, un temor alentado por Antípatro, general y sátrapa de Idumea y padre de Herodes el Grande. Antípatro deseaba controlar la región a través de Hircano. Sobornados por Antípatro, los nabateos ofrecieron santuario a Hircano y tomaron Jerusalén, asediando el Templo donde se había refugiado Aristóbulo. Al mismo tiempo, Pompeyo, del Imperio romano, había ido ganando poder tras derrotar a los seléucidas. Dado que los romanos habían sido aliados de los asmoneos desde el gobierno de Judas, tanto Hircano como Aristóbulo pidieron ayuda a través del lugarteniente de Pompeyo, Scaurus, que optó por ayudar a Aristóbulo.

El asunto fue llevado ante Pompeyo, que favoreció a Hircano y optó por ayudarle. Aristóbulo se refugió en el Templo de Alejandría, pero se rindió cuando se acercó el ejército de Pompeyo. Sin embargo, sus seguidores no lo hicieron, lo que obligó a Pompeyo a sitiar y destruir gran parte de la ciudad y el templo. Hircano fue restaurado en el cargo de sumo sacerdote, pero la autoridad política recaía en los romanos. En efecto, el poder real recaía en Antípatro, a quien Hircano defería todos los asuntos.

En el año 40 a. C., por instigación de Antígono, el hijo de Aristóbulo, Hircano, fue capturado por los partos. Le mutilaron las orejas, inhabilitándolo para el sumo sacerdocio, con lo que se deshicieron de la amenaza que representaba. Luego fue llevado a Babilonia, donde vivió entre los judíos babilonios. En el 36 a. C., Herodes I, hijo de Antípatro, derrotó a Antígono e hizo que Hircano regresara a Judea, pues temía que Hircano pudiera animar a los partos a luchar por el trono junto a él. Seis años más tarde, Herodes hizo ejecutar a Hircano bajo la acusación de traición. Este fue el fin de la dinastía asmonea, y Herodes inició la dinastía romana herodiana.

Capítulo 9: La dinastía herodiana (37 a. C.-100 d. C.)

La fundación de la dinastía herodiana comenzó con Antípatro, que ejerció una gran influencia sobre Hircano II e intentó establecerlo en el trono como su rey títere. Antípatro pudo establecer mejores relaciones con los romanos, lo que le situó en una posición favorable después de que Pompeyo acabara con la última resistencia de Aristóbulo en Jerusalén y estableciera Judea como estado vasallo romano.

Julio César de Roma había apoyado inicialmente a Aristóbulo en el conflicto asmoneo, por considerarlo el más fuerte de los dos candidatos. Aristóbulo acabó prisionero en Roma, y César podría haberlo utilizado para hacerse con el control de Judea de no ser por una hábil maniobra de Antípatro, que consiguió el favor de César y aseguró que el dominio asmoneo perteneciera a Hircano. Gracias a Antípatro, sus hijos pudieron establecer la dinastía herodiana.

Antípatro y los romanos

Hacia el año 50 a. C., parecía que César podría intentar utilizar a Aristóbulo para recuperar el control de Judea. Esto no funcionó para Pompeyo, que había forjado una alianza con Antípatro e Hircano. Por ello, sus partidarios envenenaron a Aristóbulo. Las tensiones ya se habían estado acumulando desde la invasión de César hacia diez años de la Galia. Y, finalmente, esas tensiones desencadenaron una guerra civil entre Pompeyo y César. Inicialmente, Hircano, a instancias de Antípatro, dirigió una fuerza para ayudar a Pompeyo. Cuando Pompeyo fue asesinado en el 48 a. C., Antípatro hizo que las fuerzas judías ayudaran a César.

Los judíos fueron recompensados por su ayuda, ya que los romanos eliminaron sus obligaciones fiscales. Hircano fue restituido como etnarca, o gobernador, aunque esa posición tenía poco poder real, y Antípatro gobernó sobre Palestina en el 47 a. C. Antípatro también fue nombrado procurador romano, un gobernador imperial, de Judea. Como resultado, Antípatro pudo promover su propia causa, designando a sus hijos para puestos de poder. Tras el asesinato de Antípatro en el 43 a. C. a manos del rey nabateo, sus hijos pudieron mantener el control de Judea y de su rey títere Hircano.

El ascenso de los herodianos: Herodes el Grande

Herodes el Grande
https://commons.wikimedia.org/wiki/File:HerodtheGreat2.jpg

Herodes el Grande, hijo de Antípatro, mantuvo gran parte de su poder e influencia iniciales gracias a su padre. Fue nombrado gobernador provincial de Galilea en el año 47 a. C., donde gestionó el sistema tributario y solucionó la corrupción de la región. En este cargo, cultivó una estrecha relación con el gobernador de Siria, Sexto César, primo de Julio César, que le aseguró el puesto de general de Coele-Siria.

En el año 41 a. C., Marco Antonio, líder romano, nombró a Herodes y a su hermano Fasael tetrarcas a las órdenes de Hircano II.

Cuando Antígono, hijo de Aristóbulo, arrebató el trono a Hircano en el año 40 a. C., Herodes escapó a Roma y suplicó a los romanos que se opusieran a Antígono y restituyeran a Hircano. Mientras estaba allí, fue nombrado inesperadamente rey de los judíos por los romanos y recibió su ayuda para derrotar a Antígono. Herodes regresó a Judea para arrebatar a Antígono lo que consideraba su trono legítimo. Para asegurarse el trono y ganarse el favor de los judíos, se casó con Mariamne, la hija de Hircano, desterrando a su primera esposa y a su hijo.

En el año 37 a. C., Herodes logró establecerse como único gobernante de Judea. Dirigió un ejército y capturó Jerusalén, haciendo prisionero a Antígono y enviándolo a Marco Antonio para su ejecución. Es posible que el gobierno de Herodes no fuera bien recibido por todos, ya que muchos judíos desconfiaban de sus prácticas religiosas y no lo consideraban un verdadero judío. Su relación con los romanos y sus intentos de apaciguarlos, junto con su comportamiento hostil hacia la clase sacerdotal judía, hicieron que los judíos no estuvieran muy dispuestos a aceptarlo como uno de los suyos.

Judea bajo el reinado de Herodes

Los treinta y tres años que Herodes gobernó Judea le ayudaron a establecer la dinastía herodiana. De hecho, era un rey vasallo de los romanos. Sin embargo, Herodes se enfrentó a amenazas a su gobierno inmediatamente después de llegar al trono. Su suegra, Alejandra, de la dinastía asmonea, trató de restablecer el dominio asmoneo haciendo que Aristóbulo III fuera nombrado sumo sacerdote.

Para ello, buscó la ayuda de Cleopatra, que estaba casada con Marco Antonio y tenía cierta influencia sobre él. Aunque Cleopatra accedió a ayudar, también animó a Alejandra a abandonar Judea con Aristóbulo III para reunirse con Antonio. Herodes ordenó el asesinato de Aristóbulo III cuando se enteró del complot. Temía el posible encuentro entre Antonio y Aristóbulo, ya que le preocupaba que Aristóbulo pudiera obtener el cargo de sumo sacerdote. El asesinato de Aristóbulo III eliminó esa amenaza para el poder de Herodes.

Una segunda amenaza para el gobierno de Herodes surgió cuando se inició una lucha de poder en Roma entre Antonio y Augusto. Herodes, como vasallo romano, se vio obligado a tomar partido. Decidió apoyar a

Antonio. Sin embargo, Antonio fue derrotado en el año 31 a. C., y Herodes temía que su apoyo a Antonio le hiciera perder el trono. Como resultado, se vio obligado a convencer a Augusto de su lealtad. Herodes ofreció a los romanos el paso a Siria y Egipto, así como tributos, y Augusto aceptó. Aunque se permitió a Herodes gobernar Judea con autonomía, se impusieron restricciones a sus relaciones y tratos con otras regiones.

Gran parte del gobierno de Herodes estuvo condicionado por la desconfianza y su miedo a perder el trono, lo que le llevó a tomar medidas extremas contra los posibles oponentes y quienes pudieran desafiar su gobierno. Muchos historiadores sugieren que Herodes no era un gobernante popular y que el apoyo romano que recibió fue un factor importante que le ayudó a mantener el poder sobre Judea, que de otro modo podría haber quedado paralizada bajo la oposición.

Se dice que Herodes tomó medidas extremas para calmar sus temores, incluido el despliegue de una policía secreta cuyo trabajo consistía en recoger e informar de los deseos y opiniones de la población de Judea. Actuaba en secreto para impedir cualquier oposición a su gobierno y hacía uso de la fuerza para acabar con los opositores y manifestantes. Herodes también tenía una escolta compuesta por dos mil hombres, lo que indica que temía constantemente un ataque.

Además, la falta de judaísmo en su estilo de vida siguió siendo un importante punto de discordia entre la población. Introdujo espectáculos extranjeros en Judea, lo que fue visto como un intento de promover la cultura romana por encima de la judía. Los impuestos romanos que los judíos debían pagar, combinados con el derroche de Herodes, que constantemente preparaba regalos excesivamente valiosos por miedo a perder su popularidad o apoyo entre la nobleza y los romanos, enfurecieron aún más a los judíos.

En la época del gobierno de Herodes, en Judea vivían dos grupos étnicos principales: los fariseos y los saduceos, estos últimos pertenecientes a la élite política que compartían puntos de vista similares a los de los fariseos. Ambos grupos estaban descontentos con el gobierno de Herodes. Los fariseos tenían motivos de queja porque Herodes no los escuchaba en asuntos relacionados con la construcción y restauración del Templo. Los saduceos estaban descontentos con su gobierno porque Herodes había entregado sus responsabilidades sacerdotales en el Templo a forasteros babilonios y alejandrinos. Esta medida se había tomado para obtener el apoyo de la diáspora judía que vivía fuera de Judea, pero le reportó poco favor entre la comunidad judía.

Logros arquitectónicos

Aunque Herodes no consiguió demasiado en sus esfuerzos por ser un gobernante querido o incluso apreciado, gran parte de su gobierno se centró en proyectos arquitectónicos en Judea. Emprendió la reconstrucción del Segundo Templo, ampliando la plataforma sobre la que se levantaba hasta casi el doble de su tamaño original y restaurando por completo la estructura. También inició un proyecto para ampliar el Monte del Templo en 19 a. C. y utilizó las últimas técnicas de construcción submarina e hidráulica para construir la Cesárea Marítima. Sus proyectos también se centraron en la construcción de varias fortalezas.

Sin embargo, estos proyectos de construcción, al igual que muchas otras decisiones administrativas tomadas por Herodes, tenían una finalidad egoísta. Por ejemplo, las fortalezas se construyeron principalmente para que él y su familia se refugiaran en caso de ataque. Otros proyectos de construcción, como los del Templo, estaban destinados a apaciguar a la población judía. Herodes también construyó varias ciudades para los paganos con el fin de ganarse su apoyo.

Aunque estos proyectos crearon importantes oportunidades de empleo para la población, también supusieron una carga para los judíos. Los proyectos de Herodes se financiaban con impuestos, lo que aumentaba el coste financiero de los judíos, que ya tenían que pagar impuestos romanos. Sin embargo, se sabe que Herodes atendió personalmente a su pueblo en tiempos de crisis, como durante una hambruna en el año 25 a. C.

El fin de Herodes

El reinado de Herodes estuvo marcado por el deseo de apaciguar a las diversas corrientes interesadas en su gobierno, incluidos los judíos, los no judíos y los romanos. Por ello, su política religiosa se diseñó para satisfacer a los tres grupos, lo que produjo resultados desiguales en términos de popularidad. Su derroche era motivo de discordia tanto para sus súbditos judíos como para los no judíos, ya que les suponía una gran carga financiera. Por otro lado, proyectos como la ampliación del Segundo Templo podrían haberle ganado el favor de los judíos.

Dado que Herodes se proclamó gobernante de todos los judíos y no judíos, su política también se dirigió a la población no judía, lo que podría no haber sido bien recibido por los judíos. A menudo se cuestionaba su lealtad a las costumbres y la religión judías debido a su herencia, sus prácticas no religiosas (como la construcción de templos para la población no judía) y el asesinato de miembros de su propia familia, que había llevado a cabo para neutralizar las amenazas a su trono.

Sin embargo, algunas pruebas sugieren que Herodes mantuvo cierto grado de prácticas judías en su vida personal. Aunque es posible que a menudo mezclara estas prácticas con tradiciones romanas y no judías, sí que respetaba algunas costumbres judías, como indica la construcción de mikvehs (baños utilizados para alcanzar la pureza) en muchos de sus palacios. Y sus esfuerzos por construir ciudades paganas para las poblaciones no judías deben alabarse, ya que marcan las acciones de un gobernante más tolerante que muchos de los reyes asmoneos posteriores.

Herodes murió en algún momento entre el 5 a. C. y el 1 d. C. La fecha exacta de su muerte es discutida, aunque la mayoría de los historiadores coinciden en que ocurrió en el año 4 a. C. La causa de su muerte fue una desconocida y grave enfermedad apodada "el mal de Herodes". Algunos relatos afirman que la enfermedad era tan dolorosa que Herodes intentó acabar con su vida, pero fue detenido por su primo, mientras que otros sugieren que su intento tuvo éxito. En cualquier caso, el descontento con el gobierno de Herodes provocó protestas y disturbios tras su muerte, y la dinastía herodiana cambió tras el fallecimiento de su fundador.

La Tetrarquía

Antes de la muerte de Herodes, este redactó un testamento. Quería que su reino se dividiera entre sus hijos. Augusto, el emperador romano, respetó sus deseos y dividió el reino en tres, con un tercio para cada hijo. Herodes Arquelao se convirtió en etnarca de las regiones de Samaria, Judea e Idumea (también conocida como Edom). Filipo fue nombrado tetrarca de las regiones septentrional y oriental del Jordán, y a Antipas le correspondieron Galilea y Perea. De los tres, Filipo fue el que gobernó con menos problemas, mientras que Arquelao se enfrentó a retos más difíciles durante su mandato.

Herodes Arquelao

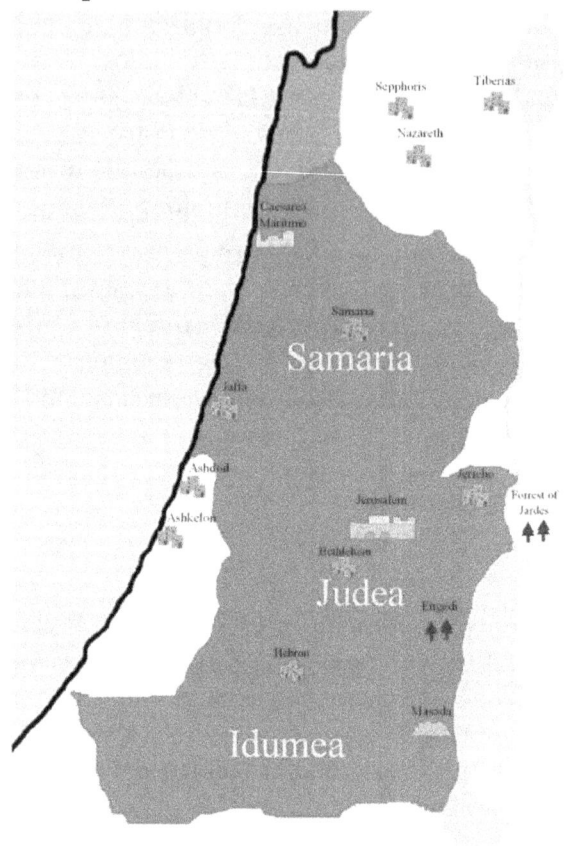

La etnarquía de Arquelao
Rh0809, CC BY-SA 4.0 <https://creativecommons.org/licenses/by-sa/4.0 >, via Wikimedia Commons; https://commons.wikimedia.org/wiki/File:Archelaus_Ethnarchy.jpg

Tras la enfermedad de su padre, pero antes de ser declarado oficialmente rey o tetrarca, Arquelao intentó apaciguar a la población de Judea para asegurarse el apoyo a su gobierno. Las protestas que habían estallado tras la muerte de Herodes debían resolverse de inmediato para mantener la paz en la región. Los judíos exigían una reducción de los impuestos y la liberación de los presos políticos. Arquelao aceptó estas condiciones para mostrar su amabilidad con el pueblo.

Sin embargo, las exigencias de los judíos no terminaban ahí. Herodes había erigido la estatua de un águila dorada sobre el Templo, que fue considerada blasfema. En los días que precedieron a su muerte, la estatua fue derribada, y dos maestros y cuarenta alumnos murieron quemados como castigo. El pueblo de Judea exigía ahora castigo para quienes habían ordenado y llevado a cabo la inmolación de los maestros y jóvenes.

La población judía también exigía que el sumo sacerdote nombrado por Herodes fuera destituido y sustituido por alguien más piadoso. Las continuas demandas del pueblo irritaron a Arquelao, que les pidió que tuvieran paciencia y esperaran a que Augusto lo nombrara rey oficialmente. Sin embargo, al pueblo no le sentó bien que le dijeran que esperara y, por la noche, inició una protesta de duelo en el Templo por los maestros y jóvenes ejecutados. Arquelao envió a varios hombres para pedir a los dolientes que esperaran hasta que Arquelao hubiera visitado a Augusto. Estos soldados fueron apedreados hasta la muerte por los dolientes, que luego volvieron a sus protestas.

Este incidente fue la gota que colmó el vaso para Arquelao. Ordenó al ejército que entrara en el Templo y se produjo una masacre que causó la muerte de unas tres mil personas. Ante la precariedad de la situación, Arquelao se dirigió inmediatamente a Roma para reunirse con Augusto, donde se enfrentó a Antipas, su hermano menor. Antipas argumentó que Arquelao no sólo había fingido su dolor por la muerte de su padre, sino que también había redactado un testamento falso, que otorgaba a Arquelao tierras que habían sido destinadas a Antipas. También intentó utilizar la masacre de los tres mil judíos contra Arquelao, afirmando que había actuado de forma inapropiada, ya que había actuado como un rey a pesar de que aún no había sido nombrado como tal.

Sin embargo, el filósofo Nicolás de Damasco acudió en ayuda de Arquelao, afirmando que había actuado correctamente en su capacidad y de acuerdo con un testamento válido. Se verificó que el testamento había sido escrito por Herodes en pleno uso de sus facultades mentales y fue atestiguado por el guardián del sello de Herodes. No está claro si este era realmente el caso o si Nicolás tenía algún motivo oculto. Había sido confidente de Herodes durante su época, y el guardián de su sello, Ptolomeo, era su primo. Tras escuchar estas pruebas, Augusto declaró a Arquelao etnarca de Judea, Samaria e Idumea.

La oposición a Arquelao

El gobierno de Arquelao tuvo muchos problemas desde el principio. Las tensiones habían comenzado con la matanza de tres mil judíos, pero su gobierno siguió despertando iras. Por un lado, contó con la oposición de su hermano, que creía que Arquelao había modificado el testamento y se había apoderado del trono que le correspondía por derecho. Además, Arquelao se divorció de su primera esposa, Mariamne III, para casarse con Glafira, la viuda de su hermano Alejandro, a pesar de que el segundo marido de ésta seguía vivo. El matrimonio iba en contra de la ley mosaica y contribuyó a la creciente impopularidad de Arquelao.

Durante el gobierno de Arquelao reinaron los disturbios, las protestas y el descontento general. Como resultado, fue incapaz de gestionar las tierras de las que era responsable o al pueblo, ya que no podía mantener ninguna medida de estabilidad. Las quejas sobre el gobierno de Arquelao llegaron hasta Augusto, que depuso al primero de su gobierno en el año 6 de la era cristiana. Arquelao fue exiliado a Viena. Las regiones de Samaria, Judea e Idumea se convirtieron en provincia romana. Arquelao nunca recuperó el trono perdido y murió hacia el año 18 d. C. mientras seguía en el exilio.

Filipo

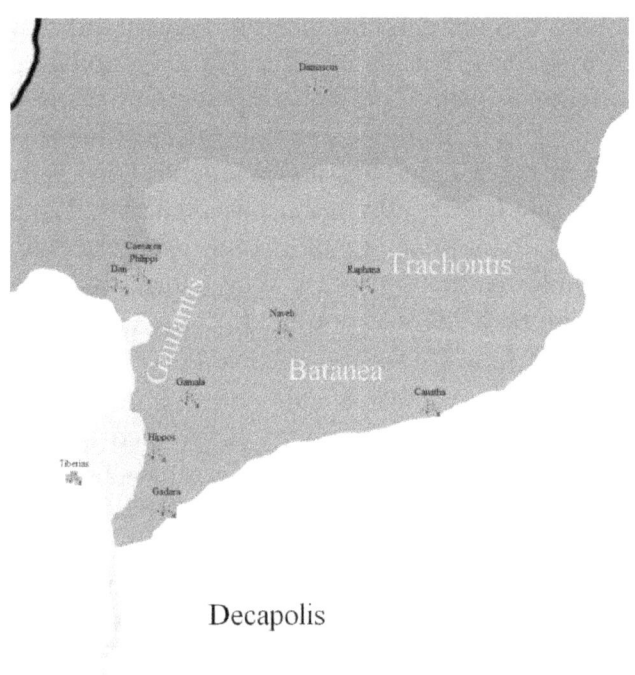

La tetrarquía de Filipo

Rh0809, CC BY-SA 4.0 <https://creativecommons.org/licenses/by-sa/4.0>, via Wikimedia Commons; https://commons.wikimedia.org/wiki/File:Herod_Philip_Tetrarchy.png

El segundo tetrarca de los herodianos fue Filipo, hermanastro de Antipas y Arquelao. Gobernó regiones del Jordán que incluían Iturea,

Traconitis, Gaulanitis, Paneas, Batanea y Auranitis. Durante su gobierno reconstruyó la ciudad de Cesarea de Filipo, que sirvió como capital de su tetrarquía. Poco se sabe del reinado de Filipo, ya que la mayor parte del mismo transcurrió sin incidentes. A diferencia de sus hermanos, Filipo gobernó en relativa paz. Tenía pocos súbditos judíos de los que hablar, por lo que no impuso ninguna práctica judía significativa a sus súbditos.

Su política de gobierno se inclinaba más hacia la helenización. Fundó las ciudades de Betsaida y otra a orillas del Jordán, a las que concedió amplios grados de autogobierno de acuerdo con la práctica romana. También fue menos extravagante en su gobierno que sus hermanos, evitando largos viajes a Roma y dedicando tiempo a sus súbditos y a la tetrarquía. Filipo gobernó hasta su muerte en el año 34 de la era cristiana.

Herodes Antipas

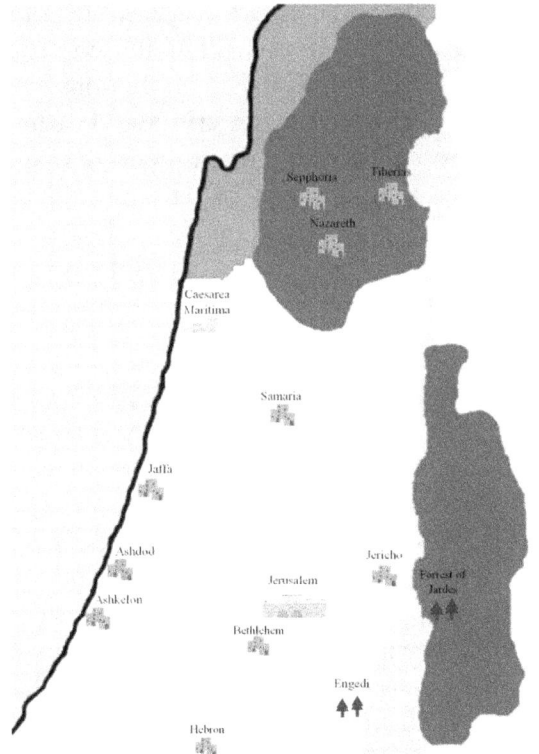

Tetrarquía de Antipas

Rh0809, CC BY-SA 4.0 <https://creativecommons.org/licenses/by-sa/4.0>, via Wikimedia Commons; https://commons.wikimedia.org/wiki/File:Antipas_Tetrarchy.jpg

Aunque Herodes Antipas reclamó el territorio que había pertenecido a Arquelao, más tarde fue reconocido como tetrarca por su hermano y Augusto, que le dio Galilea y Perea para gobernar. Antipas había argumentado originalmente que debía heredar toda Judea y gobernarla como su único rey. Sin embargo, Augusto decidió honrar la voluntad de Herodes. Antipas se convirtió en gobernante de las regiones que le habían sido asignadas en el año 4 a. C. e inmediatamente se encontró con disturbios.

Justo antes de que Antipas asumiera el cargo, Judas, hijo de Ezequías, atacó el palacio de Séforis en Galilea, sembrando el caos en la región al saquearla y amenazar a sus habitantes. En respuesta, el gobernador de Siria dirigió un ataque en el que Séforis fue destruida y sus habitantes esclavizados. Las fronteras de Perea fueron escenario de constantes escaramuzas, ya que conectaban con las de Nabatea.

Los intentos de Antipas por restablecer el orden en estas regiones incluyeron la financiación de obras de construcción. Reconstruyó Séforis y amuralló la ciudad de Betharamphtha. También construyó su capital, Tiberíades, al oeste del mar de Galilea, en honor de Tiberio, que sucedió a Augusto en el año 14 de la era cristiana. La ciudad albergaba un estadio y un santuario de oración y desempeñó un papel importante como centro de aprendizaje durante las guerras judeo-romanas. Al principio no fue un proyecto exitoso, ya que los judíos se negaron a vivir en ella al estar construida sobre un cementerio. Antipas se vio obligado a poblarlo con emigrantes forzosos y esclavos.

Conflicto con Juan el Bautista

El conflicto de Antipas con Juan el Bautista, profeta y misionero de Judea, comenzó por el matrimonio de Antipas. Antipas se había casado con la hija del rey Aretas de Nabatea, probablemente como medida estratégica para mejorar las relaciones entre los nabateos y los romanos. Mientras Antipas visitaba a su hermanastro, Herodes II, se enamoró de su esposa, Herodías, y ambos acordaron casarse después de que Antipas se divorciara de su mujer. Su exmujer optó por volver con su padre, y después de tenerla a salvo bajo su custodia, Aretas declaró la guerra, que podría haber ocurrido en algún momento alrededor del año 36 d. C., dos años después de que Herodías y Antipas se casaran.

Antipas también se enfrentó a la oposición en casa. Juan el Bautista comenzó a predicar entre los años 28 y 29 de nuestra era cerca del río Jordán, en los confines de Perea. Como se relata en el Evangelio de

Marcos, utilizó el matrimonio de Antipas para criticar una práctica incestuosa, ya que Herodías era también sobrina de Antipas y había sido esposa de su hermano. Juan también fomentó la creencia generalizada de que ambos se habían casado cuando aún vivía el primer marido de Herodías, aunque ambos se divorciaron antes de su segundo matrimonio. Dada la influencia de Juan, Antipas temía una rebelión, ya que muchos judíos no aprobaban su unión con su segunda esposa. Juan fue arrestado y encarcelado en la fortaleza de Maqueronte y fue ejecutado cuando Herodías instó a su hija a pedir la cabeza de Juan.

La ejecución de Jesús de Nazaret

Cuando Jesús de Nazaret comenzó a predicar en Galilea, Antipas temió que fuera Juan resucitado de entre los muertos. Temeroso de lo que pudiera suceder, Antipas tramó la ejecución de Jesús. Se dice que Jesús fue advertido de tal complot y declaró que él, como profeta, no era vulnerable a tales artimañas. Antipas también podría haber desempeñado un papel en su juicio. Poncio Pilato, el gobernador de Judea que presidió el juicio de Jesús, lo envió a Antipas, ya que Jesús era de Galilea y, por tanto, estaba bajo la jurisdicción de Antipas.

Antipas esperaba ver a Jesús hacer un milagro, por lo que era conocido, y al parecer se alegró de verlo. Pero Jesús se negó a realizar uno. Antipas se burló de él y lo envió de vuelta a Pilato, donde fue crucificado bajo la acusación de blasfemia. Las acciones de Pilato sirvieron para mejorar las relaciones entre los dos gobernantes, ya que Jesús suponía una amenaza para el gobierno de Antipas y había causado mucho malestar, apaciguando así la anterior enemistad entre Pilato y Antipas. No se sabe por qué los dos estaban molestos el uno con el otro, pero muchos historiadores creen que pudo haber tenido algo que ver con la masacre de algunos galileos.

El final de Antipas

Las hostilidades con el rey nabateo se convirtieron en una guerra total en el año 36 de la era cristiana. Tras sufrir humillantes derrotas a manos de los nabateos, a los que se unieron desertores de los ejércitos del hermano de Antipas, Filipo, Antipas pidió ayuda al emperador romano Tiberio. Tiberio ordenó al gobernador de Siria, Vitelio, que prestara ayuda. Vitelio preparó dos fuerzas, a las que ordenó marchar por Judea mientras él asistía a un festival en Jerusalén, donde también estaba Antipas. Allí, Vitelio recibió la noticia de la muerte de Tiberio. Declaró que ya no tenía autoridad para llevar a cabo el ataque y retiró a sus tropas, aunque algunas fuentes sugieren que una discusión entre Vitelio y Antipas hizo que el primero utilizara la muerte de Tiberio como excusa para retirar su apoyo.

El final de Antipas llegó a manos de su sobrino, Agripa, que había acudido a su tío en busca de ayuda cuando se encontró con muchas deudas. Antipas se negó a proporcionarle dinero. Agripa fue encarcelado más tarde, cuando se le oyó decir a su amigo Calígula que no podía esperar a que muriera Tiberio para que Calígula, bisnieto de Augusto, se convirtiera en gobernante. Después de que Calígula se convirtiera en emperador en el año 37 d. C., hizo que liberaran a Agripa y le entregó la tetrarquía de Filipo tras su muerte.

Agripa se dispuso entonces a buscar su venganza y acusó a Antipas de conspirar contra el emperador y de abastecerse de armamento para dirigir un asalto. Como Antipas tenía un arsenal de armas que no podía negar, Calígula creyó las otras acusaciones de Agripa y exilió a Antipas a un lugar indeterminado, donde murió.

El fin de la dinastía herodiana

La estrecha amistad de Agripa con Calígula le aseguró el puesto de tetrarca, y en el 37 d. C. se le entregaron los territorios de Filipo. En el 40 d. C., tras el exilio de Antipas, sus territorios fueron entregados a Agripa. Al año siguiente, Agripa recibió también los territorios que antes había gobernado Arquelao. De este modo, Agripa reunificó la dinastía herodiana tal y como había existido bajo Herodes I y se convirtió en su único gobernante bajo los romanos.

Agripa murió en el 44 d. C. y fue sucedido por su hijo, Agripa II. No heredó todos los territorios de su padre, ni se le concedió un gobierno tan vasto como a Agripa I. En su lugar, se le otorgó la tetrarquía de Calcis, a la que más tarde se añadieron los territorios que antes había gobernado Filipo. Cuando comenzó la primera revuelta de las guerras judeo-romanas, que estallaron en respuesta a la opresión romana, los elevados impuestos y los conflictos religiosos entre los romanos y los judíos, Agripa II participó activamente del lado de los romanos.

En un principio, Agripa intentaba evitar por completo una guerra con Roma. Los judíos se negaban a pagar los impuestos que debían a los romanos, y Agripa intentó desesperadamente pacificar la situación animando al pueblo a soportar algunas de las injusticias y aceptar el dominio romano. No consiguió sofocar la rebelión y fue expulsado de Jerusalén, junto con su hermana Berenice, en el año 66 de la era cristiana. También proporcionó ayuda a las fuerzas romanas en forma de arqueros y unidades de caballería para mostrar su apoyo al emperador. Incluso acompañó a los romanos en algunas campañas. Tras la toma de Jerusalén, Agripa II regresó a Roma, donde fue nombrado pretor y se le otorgaron nuevos territorios para gobernar.

Con la muerte de Agripa II, entre los años 92 y 100 d. C., la dinastía herodiana llegó a su fin. Las tierras gobernadas por Agripa como tetrarca se incorporaron al Imperio romano.

Conclusión

No cabe duda del papel que desempeñó el antiguo Israel en la formación de la historia religiosa y en el panorama religioso actual. En la actualidad, muchas de las religiones que se practican encuentran sus bases en el antiguo Israel, por lo que su estudio resulta vital para comprender el modo en que estos pueblos y regiones antiguos siguen afectando a la vida moderna.

Para empezar, los antiguos israelitas introdujeron una de las primeras religiones monoteístas del mundo. Antes de esto, la mayoría de las prácticas religiosas eran politeístas o, en el mejor de los casos, henoteístas, como durante el dominio del Imperio persa. La adoración de ídolos y de múltiples dioses y deidades era común, y el concepto de adorar a un único dios era nuevo y sin precedentes en aquella época.

La base de la religión israelita, los Diez Mandamientos, desempeñó un papel importante en los fundamentos de otras religiones. Las escrituras hebreas sientan las bases del judaísmo. El nombramiento de los israelitas como pueblo elegido de Dios en el monte Sinaí forma parte integrante del sistema de creencias judío, en el que los judíos deben dar ejemplo al mundo de comportamiento recto.

Además, la religión israelita constituye la base del cristianismo, ya que las escrituras hebreas forman parte del Antiguo Testamento. El cristianismo también reconoce a muchas figuras israelitas destacadas, como David y Abraham. La religión islámica también reconoce el carácter profético de estas figuras y reconoce las escrituras hebreas como revelaciones divinas. Así pues, dos de las religiones más grandes y practicadas del mundo derivan del judaísmo, que a su vez es una extensión de la religión de los antiguos israelitas.

La historia del antiguo Israel comenzó con la Edad de Hierro, y los descubrimientos arqueológicos han atestiguado este periodo con el hallazgo de herramientas de hierro en la región. Dado que la Biblia y las escrituras hebreas proporcionan una extensa historia de la región, los esfuerzos arqueológicos se han centrado en realizar descubrimientos que puedan verificar o ampliar los acontecimientos relacionados con la Biblia. Sin embargo, en la mayoría de los casos, las escrituras religiosas ofrecen la única prueba de algunos acontecimientos.

El principal objetivo de los arqueólogos en Israel siempre ha sido explicar, ampliar o ilustrar pasajes religiosos mediante descubrimientos. Estas pruebas ayudan a interpretar la Biblia. Por ejemplo, muchos historiadores creían que Jesús podría no haber sido real. Hoy en día, se han descubierto pruebas suficientes para atestiguar que sí existió. Por lo tanto, es lógico pensar que los acontecimientos sin pruebas arqueológicas significativas podrían tener al menos alguna base real.

La influencia de los israelitas persiste hoy en día en más de un sentido. La historia de esta región, que pasó de ser un estado independiente a ser gobernado por extranjeros y luego a gozar de una relativa autonomía bajo el dominio de naciones extranjeras, narra el progreso de una nación que sobrevive hasta nuestros días, con su sistema religioso intacto, a pesar del enredo de diferentes culturas y religiones a lo largo de las últimas partes de su existencia.

Además, las proezas arquitectónicas de los judíos, incluso durante el periodo del vasallaje, tienen un gran valor hoy en día. Los restos del Segundo Templo, que fue destruido por los romanos (sólo queda el muro occidental), es un lugar sagrado para los judíos hoy en día y es un recordatorio de su difícil situación. Sin embargo, aunque los judíos sufrieron bajo influencias religiosas y gobernantes extranjeros, perseveraron y no permitieron que sus creencias fracasaran o se perdieran en el tiempo.

Vea más libros escritos por Enthralling History

Bibliografía

Ballentine, Debra Scoggins. *"El Reino de Judá"*. Odisea bíblica, 2009, https://www.bibleodyssey.org/places/main-articles/the-kingdom-of-judah/.

Bell, Kelly. *"Judas Macabeo, Martillo de los Judíos"*. Red de Historia de la Guerra, 2009, https://warfarehistorynetwork.com/article/judas-maccabeus-hammer-of-the-jews/

Biblia hoy. *"¿POR QUÉ LA BIBLIA ES LA PALABRA DE DIOS?"*. Biblia Hoy, 2020, https://www.bibletoday.com/?gclid=Cj0KCQjwt_qgBhDFARIsABcDjOfmwnQ38bDtShSe0SDZZ-3GSLAl-AtwE23EAHE-n1J2Xf0qJkovWdEaAkqZEALw_wcB

Universidad de Boston. *"Período del Primer Templo: Jerusalén como capital del Reino Judaíta (930-722)"*. Capital de Judá I (930-722), 2020, https://www.bu.edu/mzank/Jerusalem/p/period2-2-1.htm

Britannica, editores de la enciclopedia. *"Literatura bíblica | Definición, tipos, importancia, estudio y desarrollo"*. Enciclopedia Británica, 30 de marzo de 2023, https://www.britannica.com/topic/biblical-literature

Britannica, los editores de la enciclopedia. *"Dinastía Hasmonea"*. Enciclopedia Británica, 2021, https://www.britannica.com/topic/Hasmonean-dynasty

Britannica, los editores de la enciclopedia. *"Israelita"*. Enciclopedia Británica, 2022, https://www.britannica.com/topic/Israelite

Britannica, los editores de la enciclopedia. *"Judá | Tribu hebrea | Británica"*. Enciclopedia Británica, 2023, https://www.britannica.com/topic/Judah-Hebrew-tribe

Marrón, Guillermo. *"Antigua religión israelita y judía"*. *Enciclopedia de Historia Mundial"*, 13 de julio de 2017, https://www.worldhistory.org/article/1097/ancient-israelite--judean-religion/

Cataliotti, Joseph y Christopher Sailus. *"Historia, cronología y religión de los israelitas | ¿Quiénes eran los israelitas? - Vídeo y transcripción de la lección"*. *Study.com*, 7 de octubre de 2022, https://study.com/learn/lesson/israelites-history-timeline-religion-who-were-the-israelites.html

La Iglesia de Jesucristo. *"La conquista asiria y las tribus perdidas"*. La Iglesia de Jesucristo de los Santos de los Últimos Días, 2022, https://www.churchofjesuschrist.org/study/manual/old-testament-student-manual-kings-malachi/enrichment-d?lang=eng

Claudia, F. *"Rey Saúl de Israel: Historia y cronología | ¿Quién fue el primer rey de Israel? - Vídeo y transcripción de la lección"*. *Study.com*, 21 de octubre de 2021, https://study.com/academy/lesson/king-saul-of-israel-history-timeline-quiz.html

Conexiones de piedra angular. *"La Edad de Oro de Israel"*. Conexiones de piedra angular, 2015, https://www.cornerstoneconnections.net/assets/teens/Lessons/2015/Q4/English/TEACHER/CC-15-Q4-L11-T.pdf

Cundall, Arthur E. *"La monarquía unida: ¿realidad o ficción?"*. Vox Evangélica, vol. 8, 1973, págs. 33-39, https://biblicalstudies.org.uk/pdf/vox/vol08/monarchy_cundall.pdf

Enciclopedia Judaica. *"Antígono II"*. Enciclopedia.com, 2023, https://www.encyclopedia.com/religion/encyclopedias-almanacs-transcripts-and-maps/antigonus-ii

Enciclopedia.com. *"Hasmoneos"*. Enciclopedia.com, 2018, https://www.encyclopedia.com/people/philosophy-and-religion/judaism-biographies/hasmoneans

Hechos y detalles. *"MOSIS, MT. EL SINAÍ, LOS DIEZ MANDAMIENTOS, EL BECERRO DE ORO Y SU MUERTE A POCO DE LA TIERRA PROMETIDA"*. Hechos y detalles, 2018, https://factsanddetails.com/world/cat55/3sub1/entry-5698.html

Fausto, A. *"Ciudades y pueblos del antiguo Israel (Edades del Bronce y del Hierro)"*. *Enciclopedia de la historia de la ciencia, la tecnología y la medicina en culturas no occidentales*, editada por Helaine Selin, Springer, 2008.

Ferguson, Juan. *"Era helenística | Historia, características, arte, filosofía, religión y hechos "*. Enciclopedia Británica, 17 de marzo de

2023,https://www.britannica.com/event/Hellenistic-Age

Finkelstein, Israel. "La campaña de Shoshenq I a Palestina: una guía para la política del siglo X a. C.". *eitschrift Des Deutschen Palästina-Vereins*, vol. 118, núm. 2, 2002, págs. 109-135. JSTOR,https://www.jstor.org/stable/27931693

Finkelstein, Louis y W. D. Davies, editores. *La historia del judaísmo de Cambridge: volumen 2, la era helenística*. Prensa de la Universidad de Cambridge, 2008.

Fraser, Peter Marshall y otros. "Palestina". *Enciclopedia Británica*, 21 de marzo de 2023,https://www.britannica.com/place/Palestine

Gier, Nicholas F. "Henoteísmo hebreo". *Universidad de Idaho*, 2020,https://www.webpages.uidaho.edu/ngier/henotheism.htm

Gilad, Elón. "Conozca a los asmoneos: una breve historia de una época violenta: el mundo judío". *Haaretz*, 23 de diciembre de 2014, https://www.haaretz.com/jewish/2014-12-23/ty-article/meet-the-hasmoneans/0000017f-e30d-d75c-a7ff-ff8d7cdd0000

Gottheil, Richard y Samuel Krauss. "PTOLEMIO I - JewishEncyclopedia.com". Enciclopedia judía, 2021,https://www.jewishencyclopedia.com/articles/12420-ptolemy-i

Grabbe, L. L. "La historia de Israel: los períodos persa y helenístico". *Texto en contexto: ensayos de miembros de la Sociedad para el estudio del Antiguo Testamento*, editado por A. D. H. Mayes, OUP Oxford, 2000. Consultado el 3 de abril de 2023.

Harris, Rafael. "La Edad de Oro de Israel". *La revista judía*, 1999,http://www.jewishmag.com/18mag/golden/golden.htm

La Universidad Hebrea de Jerusalén. "Período helenístico". *Tel Dor*, 2014,http://dor.huji.ac.il/periods_HL.html

Herrón, Dustin. "Israel y Judá: diferencia entre los dos reinos". *La Comunidad de Ministerios Relacionados con Israel*, 2 de junio de 2021,https://firmisrael.org/learn/israel-and-judah-two-kingdoms-and-their-differences/

Higgins, William. "Asociaciones peligrosas: la historia de Josafat y Acab". *Enseñanza cristiana*, 1 de marzo de 2008,https://williamhiggins.net/2008/03/01/dangerous-partnerships-the-story-of-jehoshaphat-ahab/

Editores de HISTORIA. "Grecia helenística". *HISTORY*.com, 4 de febrero de 2010,https://www.history.com/topics/ancient-greece/hellenistic-greece

Editores de HISTORIA. "Edad de Hierro". *HISTORIA*, 3 de enero de 2018,https://www.history.com/topics/pre-history/iron-age

Horwitz, Aharon. "Una breve historia de la antigua Jerusalén | La guía de Jerusalén para hacer - AAJ". Jerusalén

Hunt, Robert D. "Herodes y Augusto: una mirada a las relaciones entre patrón y cliente". *Archivo de becarios de BYU*, 2002, https://scholarsarchive.byu.edu/cgi/viewcontent.cgi?article=1013&context=studiaantiqua

Autoridad de Antigüedades de Israel. "Los períodos arqueológicos en Israel". *Antigüedades.org*, 2022, https://www.antiquities.org.il/t/PeriodSub_en.aspx?id=3

Embajada de Israel. "Historia: Segundo Templo". *Misiones israelíes en todo el mundo*, 2018, https://embassies.gov.il/baku/AboutIsrael/history/Pages/History-Second-Temple.aspx

Jarus, Owen. "Antiguo Israel: Historia de los reinos y dinastías formadas por el antiguo pueblo judío". *Ciencia viva*, 22 de septiembre de 2022, https://www.livescience.com/55774-ancient-israel.html

Historia judía. "Alejandro el Grande". *Historia judía*, 2020, https://www.jewishhistory.org/alexander-the-great/

King, James y Frank W. Walbank. "Saúl | rey de Israel | Británica". *Enciclopedia Británica*, 7 de marzo de 2023, https://www.britannica.com/biography/Saul-king-of-Israel

Kunst Historisches Museum de Viena. "Judea después de Alejandro Magno". *Kunsthistorisches Museum Wein*, 2020, https://data1.geo.univie.ac.at/projects/muenzeundmacht/showcases/showcase2%3Flanguage=en.html

Laie, Benjamin T. y Osama Shukir. "Efectos mesopotámicos en Israel durante la Edad del Hierro". *Enciclopedia de Historia Mundial*, 23 de diciembre de 2015, https://www.worldhistory.org/article/850/mesopotamian-effects-on-israel-during-the-iron-age/

Préstamo, Jona. "Herodes Antipas". *Livius.org*, 4 de agosto de 2020, https://www.livius.org/articles/person/herod-antipas/

Préstamo, Jona. "Herodes Arquelao". *Livius.org*, 23 de abril de 2020, https://www.livius.org/articles/person/herod-archelaus/

Préstamo, Jona. "Felipe". *Livius.org*, 21 de abril de 2020, https://www.livius.org/articles/person/herod-philip/

Lipschits, Oded y Manfred Oeming. Judá y los judíos en el período persa. Prensa de la Universidad Penn State, 2006.

Mark, Joshua J. "Reino de Israel". *Enciclopedia de Historia Mundial*, 26 de octubre de 2018, https://www.worldhistory.org/Kingdom_of_Israel/

Maxine Grossman. "El legado del antiguo Israel - El legado del antiguo Israel El antiguo Israel – 'Israel' fue el primero". *Universidad de Maryland*, 2020,https://www.studocu.com/en-us/document/university-of-maryland/introduction-to-the-hebrew-bible/engl262-legacy-of-ancient-israel/40401708

Molinero, Charlotte. "La importancia de los israelitas y el antiguo Israel". *LibreTextos*, 2020,

https://human.libretexts.org/Bookshelves/History/World_History/Book%3A_World_History_-_Cultures_States_and_Societies_to_1500_(Berger_et_al.)/02%3A_Early_Middle_Eastern_and_Northeast_African_Civilizations/2.12%3A_The_Importance_of_the_Israelites_and_Ancient_Israel

Moulton, domingo. "Edad del Hierro: cronología y hechos". *Study.com*, 2023,https://study.com/academy/lesson/iron-age-timeline-facts.html

Muscato, Cristóbal. "Reino de Judea: historia y explicación: vídeo y transcripción de la lección". *Study.com*, 2020,https://study.com/academy/lesson/kingdom-of-judea-history-lesson-quiz.html

Nenner, Ravit y Noa Evron. "La antigua Jerusalén: el pueblo, el pueblo, la ciudad". *Sociedad de Arqueología Bíblica*, 2022,https://www.biblicalarchaeology.org/daily/biblical-sites-places/jerusalem/ancient-jerusalem/

Enciclopedia del Nuevo Mundo. "Henoteísmo". *Enciclopedia del Nuevo Mundo*, 2021,https://www.newworldencyclopedia.org/entry/Henotheism

Enciclopedia del Nuevo Mundo. "Reino de Judá". *Enciclopedia del Nuevo Mundo*, 2018,https://www.newworldencyclopedia.org/entry/Kingdom_of_Judah

Oates, Harry. "La revuelta macabea". *Enciclopedia de Historia Mundial*, 29 de octubre de 2015,https://www.worldhistory.org/article/827/the-maccabean-revolt/

O'Connor, David y Stephen Quirke. "¿Por qué eran enemigos los filisteos y los israelitas?". *DailyHistory.org*, 2018,

https://dailyhistory.org/Why_Were_the_Philistines_and_Israelites_Enemies

Museo Penn. "EDAD DEL HIERRO I - Canaán y el antiguo Israel @ Museo de Arqueología y Antropología de la Universidad de Pensilvania". *Museo Penn*, 2016,https://www.penn.museum/sites/Canaan/IronAgeI.html

Prabhat, S. "Israel y Judá". *Difference between*, 2021,

http://www.differencebetween.net/miscellaneous/culture-miscellaneous/difference-between-israel-and-judah/

Perfilbaru. "Yehud (provincia de Babilonia)". *PROFILBARU.COM*, 2023,https://profilbaru.com/article/Yehud_(Babylonian_province)

Rice, Damien y Matt Galbraith. "Israel bíblico: la tierra de Kush". *La maldición del jamón*, Princeton University Press, 2003, https://www.degruyter.com/document/doi/10.1515/9781400828548.17/pdf

Rice, Damien y Matt Galbraith. "El período persa y los orígenes de Israel: más allá de los "mitos"". *Cuestiones críticas en la historia israelita temprana*, 16 de noviembre de 2008,https://www.degruyter.com/document/doi/10.1515/9781575065984-007/html

Ritenbaugh, Richard T. "Lo que dice la Biblia sobre la Edad de Oro de Israel". *Herramientas bíblicas*, 2013, https://www.bibletools.org/index.cfm/fuseaction/Topical.show/RTD/cgg/ID/17709/Israels-Golden-Age.htm

Rogerson, J. W. "Israel hasta el final del período persa: antecedentes históricos, sociales, políticos y económicos". *El Manual de Estudios Bíblicos de Oxford*, editado por Judith M. Lieu y J. W. Rogerson, OUP Oxford, 2008.

Rolling, C. "El henoteísmo en la Biblia - 807 palabras | 123 Ayúdame". *123Ayúdame.com*, 2020,https://www.123helpme.com/essay/Henotheism-In-The-Bible-526821

Rooke, Herederos de Deborah W. Zadok: e*l papel y el desarrollo del sumo sacerdocio en el antiguo Israel*. Prensa de Clarendon, 2000.

Rosa, Jenny. "El período persa - estudios bíblicos". *Bibliografías de Oxford*, 2020,https://www.oxfordbibliographies.com/display/document/obo-9780195393361/obo-9780195393361-0194.xml

Ross, Leslie Koppelman. "La dinastía asmonea". *Mi aprendizaje judío*, 2015,https://www.myjewishlearning.com/article/the-hasmonean-dynasty/

Rubel, Ahsan y JE Wright. "La campaña del faraón Shoshenq I en Palestina | Interp. bíblica". *Interpretación de la Biblia*, 2004,https://bibleinterp.arizona.edu/articles/Wilson-Campaign_of_Shoshenq_I_1

Schäfer, Peter. "Historia de los Ptolomeos". *Universidad de Boston*, 2009,https://www.bu.edu/mzank/Jerusalem/cp/ptolemies.htm

Shapira, Dan. "¿Quiénes eran los asmoneos?". *Revista Tablet*, 30 de noviembre de 2021,https://www.tabletmag.com/sections/history/articles/who-were-the-hasmoneans

Thomas, Brian C. "Importancia de Israel en la profecía bíblica". *Dios Ira Comunidad Bíblica*, 2020,https://www.god1st.org/Significance-of-Israel-in-Prophecy

Mapas de tiempo. "Antiguo Israel: religión, cultura e historia". *Mapas de tiempo*, 2011,https://timemaps.com/civilizations/ancient-israel/

Trentin, Summer y Debby Sneed. "El período helenístico: panorama histórico y cultural | Departamento de Clásicos". *Universidad de Colorado Boulder*, 14 de junio de 2018,https://www.colorado.edu/classics/2018/06/14/hellenistic-period-cultural-historical-overview

Iglesia de Dios Unida. "La edad de oro de Israel". *Iglesia de Dios Unida*, 16 de febrero de 2011,https://www.ucg.org/bible-study-tools/booklets/the-united-states-and-britain-in-bible-prophecy/israels-golden-age

Iglesia de Dios Unida. "La edad de oro de Israel". *Iglesia de Dios Unida*, 16 de febrero de 2011,https://www.ucg.org/bible-study-tools/booklets/the-united-states-and-britain-in-bible-prophecy/israels-golden-age

Velázquez, Efraín y JE Wright. "El período persa y los orígenes de Israel: más allá de los "mitos" | Interp. bíblica". *Interpretación de la Biblia*, 2009, https://bibleinterp.arizona.edu/articles/persian

Historia mundial. "El legado del antiguo Israel". *Historia mundial*, 3 de septiembre de 2015,https://www.worldhistory.biz/ancient-history/70552-the-legacy-of-ancient-israel.html

Zhakevich, Philip y Ben Noonan. "De los textos a los escribas: evidencia de la escritura en el antiguo Israel". *Sociedad Estadounidense de Investigación en el Extranjero* (ASOR)

www.ingramcontent.com/pod-product-compliance
Lightning Source LLC
Chambersburg PA
CBHW070338010526
44107CB00004B/545